找到人生C位的邊緣人

從沒救到得救的大坦誠成長記

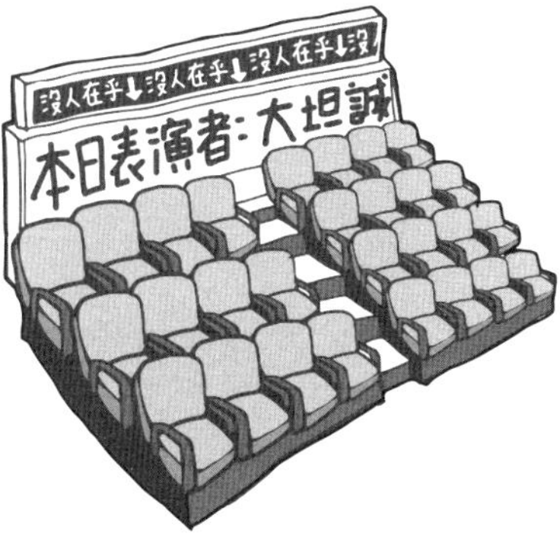

推薦序

拯救自己和別人的「人際地獄歷險記」

給大坦誠——

你好，我是王文華，我們曾合作直播過一次。那回你幫我介紹新書，還寫信給我，說你小時候曾讀過我寫的《我的老師虎姑婆》，你還把自己畫成虎姑婆，謝謝你，那是我頭一回，收到小時候讀過我作品的作家，很榮幸。我更要感謝你給我機會，讓我成為你這本新書的第一個讀者，簡直是雙重榮幸。

上回直播，沒空細聊，我只知道你是網紅作家兼小學教師，然而讀完這本書，我才發現，原來在你優秀的外表下，竟然有這麼多深層的故事。

你果然是大坦誠，把自己過往毫無保留寫出來，讀起來眞的很觸目驚心，在你走過的每一個人生階段，我都能感受到你那種想讓世界接受的強烈渴望。

書中，你一直覺得自己是個臭邊緣人，覺得自己與外界格格不入，然而我想偷偷告訴你，我雖然沒有過動症，但我直到現在，依然覺得自己並沒那麼受歡迎，在人多的場合還是很不自在，經常覺得朋友們偷偷把我拒在門外。也就是說，在你覺得的我們這種正常人（如果你要這麼分的話），其實都多少有相同的困擾，只是情況的嚴重與否罷了。

換言之，每個人內心中，都有被需要、被接受的渴望，不管正不正常。

因為跟你一樣有相同的感覺，怕自己被人排擠、怕自己不受歡迎、怕自己和他人難相處，我在看完你這本書之後，獲得好多你的獨家心法。你眞的很棒，因為你不斷的嘗試（有些自殘的方法請千萬別再試），以及你會寫日記，用寫作的專長鼓舞自己，珍惜身邊每一個對你好的人，在遇到困難時，懂得找朋友聊天找點子，甚至最後勇敢去找醫生諮詢，然後一步一步成為現在的你。

當你成為教師（恭喜），因為曾走過，所以你更懂，知道被人霸凌，受人排擠的痛，你竟然想出校外教學時的「人緣不好小隊」，幫助這些孩子，在他們可能受傷前，先保護好他們，然後再利用機會，教他們愛自己；找出自己優點，用來鼓勵自己。唉呀，你簡直是上天派下來，歷經艱難磨煉過的天使七號，因為自己受過傷，更知道凡人的痛，保護小朋友就比別人更到位。

讀到這裡，我只有一個感嘆，我怎麼沒早一點看到這本書呢？

你看，我當作家比你久了，卻在你書裡，學到好多。謝謝大坦誠，你是個很棒的老師，很棒的作家，然而你更是個很棒很棒的人。

這本書很適合給不知道如何給自己定位，老覺得自己像異類的人讀（包括大人與小孩），書裡有很多幫你闖過「人際地獄關卡」的心法，大家只要跟著你做，學著你做，甚至只是體會一下你是怎麼做，都能讓人變得更富同理心，也更能讓自己接受自己，與自己妥協，與社會和解，成為更好的「我」。

剛讀完你的書有很多想法要講的王文華敬上

作者序

像你這樣的邊緣人，就別這樣長大了

在你身邊，有沒有「隨時隨地都會惹到別人卻完全沒自覺」的邊緣人？

這種邊緣人真的很難相處：你想對他好，他得寸進尺；你想跟他吵，他不是跟你玉石俱焚就是對著你聲淚俱下；你想勸他改變，但你們都發現：這種人全身上下都惹人厭，要改的話，大概要重新投胎。

於是，你只好跟著一起邊緣他，因為你實在不知道要怎麼跟這種人相處。

但其實這種人也不知道要怎麼跟人相處，他們甚至覺得自己做的是對的！

我相信很多老師、家長或是哥哥姊姊會覺得：「為什麼這麼簡單的事情，我家那個人緣超爛的寶貝還是不懂啊？」那我想告訴你，就像魚不會爬樹、章魚不會塗指甲油一樣，也許每個人天生都自帶一把鑰匙，知道怎麼打開跟別人連結的那扇門，但我們這些「不知道自己錯在哪裡的邊緣人」根本不知道開門要用鑰匙，我們總是堅持拿氣球、雞蛋殼、鉛筆的筆蓋或是馬桶刷開門，我們就這樣閉門造車，不知道自己哪裡出了問題。久而久之，門外就沒有人等著我們出來了，於是這個世界上出現了「講話白目還一直講、衛生習慣不好自己卻沒知覺、明明沒才華卻還是對自己自信爆棚、害羞到不行卻又大聲說寂寞」的那種「沒自覺的邊緣人」，而且他們還會以為自己很悲壯，是孤軍奮戰的英雄，就跟那個沒人在乎的大坦誠一樣，嘔嘔嘔！

這就是「邊緣人與他們的產地」。

在這裡，我要告訴你們，國小到國中時的我，就是這種臭邊緣人。

我一直知道自己要改，但我不知道要怎麼改，所以我妄想把我整個人都給抹煞掉，變成別人說什麼我就做什麼的濫好人，成為濫好人被欺負後就覺得當反派角色還是比較好，但依照動漫裡面的反派角色退場前都會洗白的定律，我在差點退場之前，終於拖著自己肥胖的身軀，慢慢的從別人眼中的邊緣區，爬回屬於自己的故事線。

那麼，我的故事線，屬於哪一類故事？

也許有人會將我的故事歸類在「從過動兒變成國小老師」的勵志區，也有人會稱我為「同時寫書又教書」的斜槓青年區，但我一直都知道，我的故事從不是什麼偉人傳記、偶像日常，也不是苦兒努力記，更不是專家經驗談，因為這些故事的主角都是眞正優秀的人，而我只是個家境普通、沒什麼大災大禍的普通偏笨的肥呆，我的外在有三酸甘油脂，內在有三隻小豬裡那個房子被吹破的豬二弟，你是不會看到我的內涵的，你不必去尋找，因為我沒有。這本書只是描述我這種笨肥呆如何從「根本不值得被愛」的邊緣人，變成「學會去愛別人和愛自己」的普通人而已。

而我這種普通人沒有什麼偉大志向（反正我也做不到），我只希望那些渴望被愛、卻又無所適從的人可以避免走我的老路，成為我這種人而已。

所以這本書，是給「天生就不會與人相處，又想做自己，但總是覺得自己錯了，又笨到不知道自己錯在哪裡」還有「常常自討苦吃，讓自己陷入人際僵局卻又努力想突破」的人看的，你會在裡面看到我如何在閉門造車的蠢困境中試著開門見大家，卻總是按到吸塵器、吃到牙膏、撞到衣櫃的門或是一直沖馬桶，最後的最後你也會看到，我終於撞開了門，真正觸摸到這個世界，並走向願意接納我的地方。

說到接納我的地方，我也想在這邊謝謝我的父親，我總是覺得IG要有粉絲、頭銜要好聽、要讓人羨慕，才是自己值得被愛的證明，可是這幾年，從國小接受我不會打籃球、國中整天擔心我在學校鬧事、高中大學當我的零用錢超人，再到落榜那幾年成天發瘋，還有現在有時候會搞出一些爛攤子給您收，都是您不張揚卻厚實真正的愛，所以我真的很感謝；也謝謝我的母親，很抱歉，我曾以為您的著急是為了讓我成為您理想中的兒子，可是現在我成為老師後才發現，您的著急只是想要告訴我，就算我一點都不優秀，您也不希望我受傷，只希望我快樂。謝謝。

還有陳曦三兄弟、肥孬俱樂部、青霞、姊妹、阿君、喬安娜、朵拉、蜜蜜、張老師、黃老師、嚴厲儒美、孟元、Mars跟義宏以及國珍老師、靜怡老師、莉閑老師、立珍老師、麗如老師、雲校長以及育健教授，謝謝您們讓我這麼的幸福，讓我這種矯情脂肪球頂多是裝可憐，而不是眞的可憐。

謝謝紹雯老師改變了我的人生，也謝謝我的編輯永安、專欄編輯米老師、賴老師，希望您們不要辭職，請您們不要對出版業放棄希望，因為應該不會有我這麼爛的作者出來了。

（請大家容許我在這裡道謝，因為我覺得自己隨時都可能眾叛親離）

對了，最後，我還是要像國小老師一樣講解閱讀這本書的小方法。（雖然我覺得根本沒人在乎）

這本書由十九封信組成，從「國小一年級」一路寫到「當上正式教師第一年」，每一篇都是各年齡層的我和現在的我對話。人生的每一階段都用盡各種方法改變自己的邊緣人狀況，但最後都失敗了，而現在的我試圖回去告訴自己「你眞的沒救了，但後來你還是得救了！」

我也不會大聲尖叫「我超厲害你們要多學我」，然後要你們把這本書當成有意義的書，因為你們一定會在讀某些章節時放聲哭叫「你這隻噁心的死肥豬，明明就是你的錯，還把自己寫得這麼委屈，是怎樣？我才不要跟你一樣！」

是的！這就是重點！「你們才不想跟我一樣！」

所以，你們該把這本書當成當成「看過所以不敢跟著用」的那種東西，請你看完我做的人際蠢事後，把我當成網路餐廳的負評，或是很難用的３Ｃ產品，別跟我犯同樣的錯誤，別硬是要認同我，請你跑得遠遠的，然後比我更早交到更多朋友。所以跑！邊緣人！快跑！

跑著跑著，你會發現，你已經走在「被接納」的那條路上了。

祝你一切都好。

目錄

國小篇

我會變成
正常的大人嗎？

一年級的信

我有變正常嗎？我都在做什麼？

給大坦誠——

你好，你是長大後的我嗎？

請問你有變正常一點嗎？

爸爸媽媽說我要正常一點，才可以交到好朋友。

希望你可以變正常一點。謝謝。

還有，你有變帥嗎？我希望有。

還有你長大後都在做什麼呢？

有時候我很擔心，很怕長大之後，還是跟現在的我一樣糟糕。

我忘記哪個大人會教過我，當覺得很不安的時候，可以說「一切都會慢慢變好的」。但我還是不太相信，因為之前沒有人跟我玩的時候，我很大聲的跟自己說了這句話，還是一樣沒人跟我玩，所以我覺得這句話沒用。

我想再問你一次：「我會變成正常的大人嗎？」

謝謝。

小一的大坦誠敬上

給一年級的大坦誠——

你好，我是長大後的你。

我交到好朋友了，而且也有很多「讀者」喜歡我。可是對不起，我好像還沒有變得「正常」一點，因為我「不正常」所以討厭我的人也有很多。這個世界上，「正常」有太多的意思，搞不好連水母也會覺得我們不正常，因為我們沒有住在海裡啊，但我們跟水母好像都活得好好的（應該吧！）。

所以，不正常也沒有關係啦！

什麼是正常呢？你一年級的時候，班上的男生都喜歡賽跑，女生喜歡玩扮家家酒，可是你只喜歡在地上打滾，還有胡亂說一些編出來的故事。你其實不太會跟別人講話，不知道該聊什麼，可是別人做起來很容易，讓你覺得好像也可以很容易，然後不知為何……就搞砸了。這就是為什麼「正常一點」的人才能交到朋友的原因。

如果要詳細介紹我在做什麼的話，在此向你自我介紹：「我是大坦誠，現在是一名自媒體經營者、小說家和專欄作家，同時也是國小老師。」就像所有年紀超過二十歲的叔叔、還有那些很貴的水果一樣，為了要被認同、假裝自己很厲害，所以我要開始對你說自己的豐功偉業。你可以先適應一下這種感覺，畢竟你長大後，會遇到無數愛吹噓自己的哥哥、叔叔、伯伯、爺爺。

影響至深的「肥豬逃跑事件」

該從哪兒說起呢？

我曾經在臺灣大學還有TED年會演講，也有跟知名歌手盧廣仲、家家合作過。還有你不是很愛看國語日報的漫畫嗎？我曾經幫國語日報的漫畫專欄寫過故事喔，分別是《我家的小王子》還有《新爸爸也「眉」關係》，在網路上的粉絲人數加起來超過二十萬咧（炫耀警報！炫耀警報！）

可是，故事不能從這裡開始講起。

我的故事起源於此時此刻的「你」，也是就是就讀國小一年級的「我」。

有次老師要我上臺寫數學算式，我一上臺，就聽到身後討厭我的同學發出笑聲。當時的同學很喜歡惹怒我，因為我這種典型的ADHD症狀過動兒一被人激怒就會大爆炸，同學都覺得惹我就像在玩放鞭炮一樣刺激。

那一瞬間，我眞想把那群不愛跟我玩又只會笑我的同學都抓去撞牆壁，但我也想把我自己抓去撞一撞，因為我知道自己是個又肥又醜又笨的怪咖，我恨自己活成這種活該被取笑的樣子。所以我就在黑板上面用注音寫下「我是一隻死肥豬」，然後我就在所有人的驚聲尖笑以及老師的叫喊中跑出教室了。我邊跑邊回頭，忽然覺得教室裡的每一個人都離我好遠好遠，雖然我討厭他們，但我好希望可以變成他們，好希望自己也可以成為教室裡面嘲笑別人的人。

那天的「肥豬逃跑」事件，好像奠定了某種基礎一樣，影響了我一輩子。

我想要當「正常人」。

於是那天開始，我便不斷的模仿正常人們。

我從假裝喜歡玩班上男生的戰鬥陀螺和加入班上女生的交換日記，再到國中模仿別人在無名小站發蠢文，最後到了高中，我在開學前搜遍班上每個新同學的臉書，在紙上細細分析，看哪個人人緣比較好，我就模仿他們。

隨著離熟悉的自己越來越遠，我變越來越討人喜歡。

國小的時候無論怎麼努力都會管不住自己怪到不行的性格；國中的時候我

裝三天就會露餡，但至少留住了幾個願意和我當朋友的人；高中的時候我變成班上的「優良學生」，終於體會到「和幾個好朋友一起慶生、吃拉麵、拍大合照」的感覺……

可是站在人緣好的同學們中間、努力踮起腳尖拍合照時，我腦子裡什麼想法都沒有，我只想著，這樣我看起來正常了對嗎？可是我好像很不開心耶？

每當有這個疑問時，我都會告訴自己：「算了！總之，你跟大家看起來一樣就好了」。

那時我所有呈現出來的感受都是假的，班上誰是人氣王，我就去討好誰；班上誰人緣不好，我就要跟他們保持距離。有時候看著班上人緣最好、品行卻最爛的人，我會想，我幹嘛要對一個整天搞小動作的人這麼好，就因為他很會揪團邀大家去玩嗎？

只是，為了正常，我只能把哽在喉嚨的疑問用力吞下去。

如果「努力變成正常人」是我自欺欺人的願望，那麼「寫文章」就是我眞正的夢想。

在小學五年級的時候，我是一名小有名氣的部落客，會定期寫文章刊登在自己的優學網上，當時，有來自全臺各地的小朋友都會來我這裡留言，說他們是我的「小讀者」。

我原本以為這是讓我開心的事。

但後來發現，告訴大家我會寫文章一點都不酷！

國小要有很多公仔才酷！

國中要跟學校的小流氓很熟才酷！

高中要在班上發號施令、帶頭作亂的人才酷！

寫文章？

算了吧！這件事情說出來，實在太丟臉了！

就算自己很喜歡寫文章，我也不敢跟大家坦白，頂多只把「寫文章」當成參加各種作文比賽得到名次、讓自己上臺領獎的工具，畢竟我希望自己看起來是正常的好學生，而領完獎還要強調：「其實我也沒有很愛寫啦。」

所以，報考教育大學的語文與創作學系時，我選擇了可以當國小老師的「師資組」，而不是專門研究文學的「創作組」。我覺得進入語文與創作學系有點丟臉，因為我們系是類似「中文系」的存在，正常男生才不會去中文系！

我明明超想要當作家，卻為了要「正常一點」，所以大聲宣告「我要當老師」；面對「寫文章」的夢，我採取「努力的寫，但絕不說出來丟人現眼」策略，讓我的「正常夢想」和「眞正心願」能像太陽與月亮一般安靜共存。

我很感謝我的「太陽」與「月亮」照亮我的天空，我原本以為他們會這樣繼續發光下去，直到我畢業後面臨了一項重大災難，我才知道：夢想的亮度，要脫離「不正常」才可以衝破頭頂的陰霾。

我面臨了什麼重大災難？

畢業之後，就要面臨教甄考季，我知道教甄很難考，而且教甄落榜很丟臉，所以為了不要成為「不正常」的「落榜生」，我跑去作文補習班教書，這樣我就不用考試也不用落榜了！既能維持生活，又能維持面子。

沒想到，我教書的作文補習班因為疫情而停業，我瞬間從補教業講師變成「失業漢」。我只好趕緊加倍努力的準備教甄，想要靠教甄讓自己洗刷掉「失業漢」的「不正常汙名」。沒想到和我同屆、成績比我差的同學都考上老師了，我卻因為沒有展現出自己的教育愛而在面試失常，狠狠的落榜了。

我永遠都記得面試的時候，我本來都對答如流，考官卻突然很嚴肅的問我：「你眞的想一輩子當老師嗎？」

我知道我該大聲說「我想當老師」，但我根本不知道，我是不是要為了讓自己「正常」一點，所以才要一輩子從事這個行業。雖然為了考上，我很僵硬的笑著說「我準備好要當老師了」，卻自亂陣腳，開始結結巴巴。

走出考場，我知道，我搞砸了！

眞正確定自己落榜後，我覺得自己除了失去補習班的工作，還考不上老師，我什麼都沒有了！我永遠都不能當正常人了！我覺得好生氣，就故意去做了很多我覺得「不是正常人在做」的工作：我做過洗碗的人、搬花的人、送貨的人；我也覺得好沮喪，沮喪到我放棄當「正常人」了，因為正常人的世界是我永遠到不了的地方，所以我又回到一邊打滾，一邊寫故事的樂園。

我以為打零工的日子會很治癒，但事實上，我一邊做著讓人腰酸背痛的工作，一邊對於「夢想」有了新的體悟。有一次我渾身痠痛的坐在貨車上，覺得自己的狀況眞的糟到爆，我變成打零工維生的人，這樣一點都「不正常」！

可是看著清空的送貨貨車，我還是非常有成就感，我也發現自己終於不再陷入「正常」的牢籠。雖然我也不想一輩子搬貨，但如果我一畢業就很「正常」的當老師，我根本沒辦法體驗人生，甚至沒辦法拿其他工作來比較看看，看自己眞正喜歡什麼事。

於是，我想起我眞正喜歡什麼事了——我喜歡寫作！而且，我不用害怕寫作會讓我看起來「不正常」了，因為失業的我已經夠不正常了。

最後，就是你們熟悉的環節：我打開快要壞掉的筆電，開始創建媒體帳號，我輸入了我的筆名「大坦誠」，一篇又一篇的故事，在我的鍵盤上起跑。

理直氣壯寫文章的我寫著寫著，終於被第一家出版社簽了下來。我終於可以出書了！

出版社找我出書的理由，讓我的印象非常深刻。

我的主編告訴我：「我們從來沒有看過這種作者。你畫的圖很奇怪，可是會讓人忍不住去看，所以我們找上了你。」

「所以是因為我奇怪嗎？」當時的我有點驚喜，又有點丟臉。

「因為你非常的不一樣。」

「這個圈子，需要每年都有不走『正常路』的人出現。」

於是，我的第一本書就這樣出現了，它的名字是《去你的正常世界》。

你有沒有變成正常的大人？

拿到那本看起來超級「不正常」、我出的第一本書時，我終於找到了「正常」的答案。所謂的正常與否，在於一個人的「價值觀」，當你認為自己「不正常」，大概是你「對自己不滿意」，或是你與你既定的印象「不一樣」。

要決定「正常」與「不正常」，就要試著去接納自己的「不一樣」。如果你的「不一樣」會帶來傷害，那就修正；如果你的「不一樣」正在為你開闢一條新的道路，那這條道路，就是你在「正常」與「不正常」間的最佳選擇。

只是，選擇後，還有好長的一段路要走。我相信，一切都會慢慢變好的。

對了，也許你不相信「一切都會慢慢變好」這句話，但我會努力試著證明這句話值得相信的，所以請等等我吧。

長大後我有變帥嗎？

回答你一開始的第一個問題：長大後，我變帥嗎？

我要告訴你一個好消息和一個壞消息。

壞消息是我沒有變帥，有時候我在廁所照到鏡子，我會說：「矮額！」然後快速走出廁所。好消息是我很誠實，我沒有騙你。

好吧，好啦，誠實最重要不是嗎？

但請你不要太過煩惱，畢竟你才七歲，我才二十七歲，我們拜託三十七歲的大坦誠長得帥一點好了。

祝 不要弄丟自己的午餐。

「變成大人」的大坦誠敬上

你會當大坦誠
是因為勇於不正常嗎？
就是沒辦法
當高帥籃球校
草才當大坦誠的。
可以重選，一定會當正常帥哥
(不然誰想當大坦誠谷?)

二年級的信

我希望你快樂

給大坦誠——

你好，今天我遇到了一件事情，就是我們班劉老師跟我媽媽說，她其實是希望我擁有「有朋友」的感覺，才叫她兒子陪我玩。我覺得有點抱歉又有點丟臉，我覺得好像劉老師的兒子是被逼的，因為我看起來好可憐又沒朋友，我的人緣爛到我的老師要逼自己的兒子陪我玩，劉老師的兒子看起來這麼酷，怎麼會想跟我這種人玩？我有點兒對不起劉老師還有他兒子，我不知道該怎麼辦。

小二的大坦誠敬上

給二年級的大坦誠——

對啊，其實那天你本來很開心的，但後來，你覺得自己的開心是拿劉老師兒子被逼換來的，所以感到很丟臉。

謝謝你讓我想起來，有時候自以為拯救人，可能會讓被幫助的人覺得「被可憐」。但我現在覺得劉老師沒那個意思啦，我相信她只是不忍心看你都沒有朋友而已。所以不必覺得抱歉，我相信劉老師只是心疼你，希望你開開心心而已；至於「讓小孩覺得被人可憐」這件事，我想我會更注意的，謝謝你。

會這樣講，是因為我也幫助了我們班一個沒有鞋子穿的小朋友。我沒有覺得被逼，我只是希望這個小朋友不要難過，不要失去安全奔跑的權利，最重要的是——我希望她開心。

讓我來為你講那位「沒有鞋子的小朋友的故事」吧。

故事發生在我當一年級導師的時候。你現在二年級，我教的是一年級的小朋友喔！

我還記得，小一新生開學典禮那天，我們班每位家長都很用心的裝扮自己的寶貝，把他們打扮得像小公主和小王子。在眾多小公主小王子之間，我一下子就看見一位比較特殊的小女生，因為她穿著拖鞋和成人尺寸的超大運動服來學校。當時我覺得開學就是開學，穿什麼衣服不是重點，所以我沒有非常在意那位特殊的小女生，直到過了幾個星期後，國語課要寫字時，那位小女生的鉛筆盒裡面永遠找不到完整的鉛筆和橡皮擦；綜合課要畫畫時，她只能眼巴巴地看著同學們的彩色筆；還有體育課要活動時，我發現她穿拖鞋跳繩跑操場。

我終於忍不住問輔導室這個小女生發生什麼事。簡單來說，就是她的「爸爸媽媽」還不知道「怎麼當爸爸媽媽」。我知道，要是學校無法幫助她，她可能就要赤著腳、並帶著沒有鉛筆的鉛筆盒過完她的小學生活了。我請學校聯絡了社工、特教老師，也請善良的輔導主任教她洗澡，我還打聽了領取二手兒童衣物的管道，看有沒有人能幫忙捐衣服。

一切都正在變好，但我看到她破皮的腳底板，還是不忍心，而且也不知道到底能不能等到二手鞋和適合她的二手衣，我便作了一個決定——我來幫她買新鞋子！

那天下班，我提著一雙全新的兒童鞋走出鞋店時，還覺得自己很愚蠢，我幹嘛這麼多管閒事啊？因為我這種代理老師暑假都沒薪水，我那微薄的存款全都是我暑假拼命寫作賺到的小小稿費，我又不是什麼有資格幫別人著想的大富翁。

可是望著手中的鞋盒，我想起開學典禮那天，那個小女生站在同學中，看起來非常茫然。我不認為她會羨慕或是忌妒其他同學，可是她是我的學生，我希望她也可以穿著舒適好看的衣服，跟其他同學一起上課玩耍啊！

於是，我牙一咬，又走進了童裝店，買了幾套全新的衣服、褲子、襪子。

我不知道別人會怎麼想我，我只希望她可以露出笑容，因為她是我們班的孩子，我認為每一個一年級的小孩，都該開開心心、沒有煩惱的來上學，不要認為自己是邊緣人，茫然的站在旁邊看大家玩耍。這就是我幫她買襪子和鞋子的原因。

也許你會問我，這值得嗎？

我永遠記得，那天早自習的時候，我讓一個女同學陪著我們班那位小女生去廁所，把過大的橘色睡褲和拖鞋換成了我買的短袖和牛仔褲。接著，那位小女生把那雙嶄新的紫色新鞋穿在腳上。她看著自己的新鞋，跳了跳，露出了傻傻的笑容，整個人閃閃發光，像是換了一個人似的。

下課時，看到她不再害怕腳痛、開心的跳繩，我知道，我永遠不會後悔幫她買新鞋子和新衣服。

我的低調，只希望她能快樂

我還記得二年級的你害怕「被可憐」的感覺，所以我讓「買新衣服」這件事進行得很低調，甚至很不慎重。

早自習時，我要拿衣服給那位小女生的時候，我在大家面前問：「這是她媽媽叫我幫忙買的，可以請一個女孩幫我帶她去廁所換衣服嗎？」（我其實已經跟她媽媽先說好了），還故意和小朋友說：「會請一個女孩一起去，是我怕她在廁所玩水。」

於是班上小孩的重點立刻變成「喔喔喔喔！不能讓她去廁所玩水！不能玩水！玩水、玩水！」然後新衣服什麼的根本沒人在乎。我不知道她會怎麼想，但我希望她長大後，不要覺得我在可憐她就好！

可是我也知道，小朋友會長大，新衣服很快就會被她穿成舊衣服，還有她那雙鞋子很可能穿一穿就被她的姐姐和弟弟搶去穿了，但我不會後悔，因為如果我不買新衣新鞋給她，我不知道她什麼時候才能體驗這種感覺。

我希望她快樂。

所以，我終於明白，劉老師她不是在可憐我，只是希望我快樂而已。

會有位大人，為了讓我學會交朋友而奮不顧身

為什麼我低年級時的老師——劉老師，會幫助我「體驗交朋友的感覺」呢？讓我來把「眞相」告訴你吧。

國小一年級的時候，我因為典型的ADHD特質和「不是很可愛」的長相，完全交不到半個朋友。我原本以為自己永遠都會是這樣了，不被同年齡的人接納，也不被其他師長在乎，直到劉老師來到我家家訪，才讓我知道，我這輩子「不能只是這樣！」

劉老師來我家家訪的那個下午，她帶著（應該說命令）她的小兒子跟我玩。她的小兒子完全就是跟我不同類型的「可愛活潑大眼睛」小男生，這位可愛又可憐的小男生遵照她媽媽的指令，和我在社區互相追逐。

那個小男生眞的很努力假裝跟我很好，但還是被我這種妖怪給嚇到了。我媽對此感到十分愧疚，但我還記得，我的老師告訴我媽媽：「沒關係，這孩子

有權利體會交到朋友的感覺。」

所以我覺得很對不起劉老師的兒子，甚至有某段時期，我覺得劉老師的行為，是一種施捨。

從二年級小學生變成大人的路上，我經歷過許多「比沒交到朋友還慘」的邊緣人回憶。我曾經一個人被丟去一堆流氓的高中男生宿舍、被康輔社大肆霸凌、在大學的時候惹到核心小群組被全世界大公審、當網紅一天到晚收到屍體照、教甄落榜被全世界大喊「你超爛」、出書後被一些看不起我的中文系學生大罵「他不溫柔、他沒得獎、他不能出書，我才可以」，每當這些回憶把我侵蝕得快要失去信心時，我都會莫名的想到國小二年級那年，我的班導劉老師不顧一切的寫了「怎麼讓人緣變好的小訣竅」給我、一個人拿情緒繪本說故事給我聽、還叫她的兒子擔任我的「友情工讀生」。

這些回憶讓我記得「有一個大人，曾為了讓我交朋友而奮不顧身」，所以我還是沒有放棄與人交流。因為我相信，總有一天，會有人懂得珍惜我；總有一天，換我來珍惜別人、幫助別人的時候，就代表我是幸福的。

我想，這就是劉老師眞正想讓我知道的事情。

還有，你說你不知道怎麼面對劉老師和他的兒子？

沒事的，低年級的你感到手足無措是正常的，畢竟我一直到成為低年級導師後，我才徹底明白劉老師的想法呢！

劉老師的想法無關乎施捨、也不是在可憐誰，她只是希望孩子快樂，而我也有同樣的想法喔！所以，無論是「沒交過朋友」的我，還是「沒穿過新衣服」的那位小女孩，都遇到了「希望他們開心」的導師。

如果現在的你不知道怎麼面對劉老師的話，也不用急，先從努力交朋友、讓自己開心開始吧。劉老師一定也會為你開心的。

祝 早日抓到交友訣竅

「成為低年級導師」的大坦誠敬上

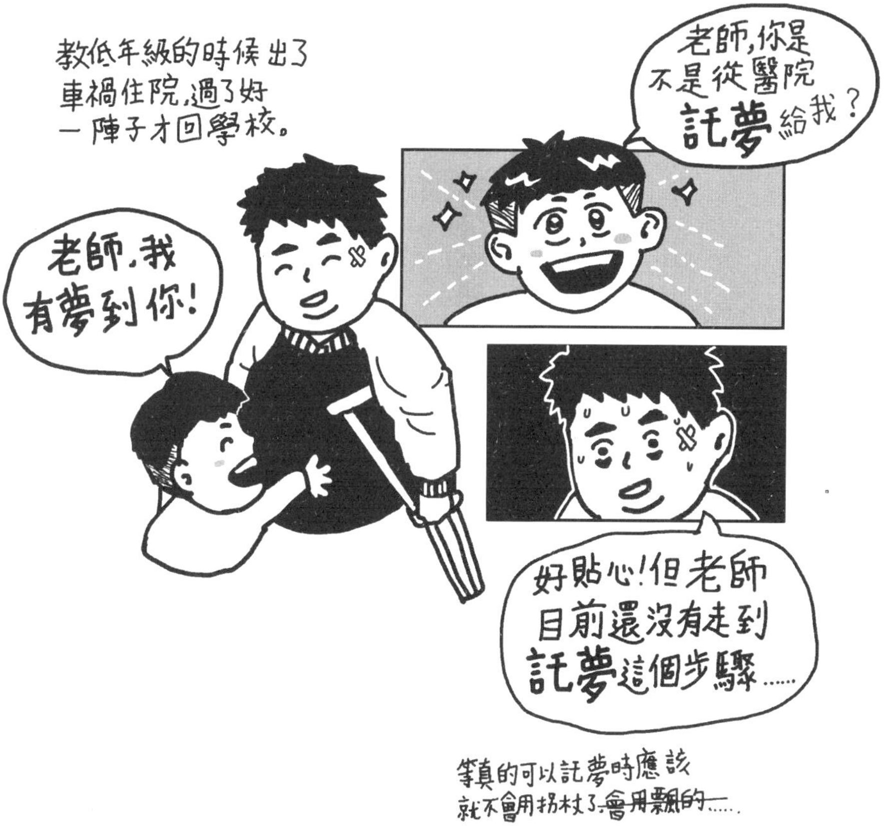
教低年級的時候出了車禍住院，過了好一陣子才回學校。
老師，我有夢到你！
老師，你是不是從醫院託夢給我？
好貼心！但老師目前還沒有走到託夢這個步驟……
等真的可以託夢時應該就不會用拐杖了，~~會用飄的~~……

三年級的信

我的「死對頭表格」

給大坦誠——

我每天都覺得來學校好煩，我真希望班上那群整天罵我的男生都可以撞牆然後死掉，我恨死班長每次看我都像是看智障一樣瞇著眼睛看看看看看，奇怪我是低能兒嗎？看什麼看啊？對！我是低能兒，因為之前有志工媽媽說過動兒就是低能兒，可是就算我是低能兒我也恨他瞇瞇瞇瞇瞇看看看看看，眼睛要瞇就不要用眼睛！還有體育課的時候該死的林某某準備起跑的時候又說我是死胖子，然後還偷跑，還一直回頭笑我，奇怪耶，我希望你搭火車的時候也偷跑不小心跌到月台裡面。我最討厭我們班那群人聚集起來發出「雞古雞古」的賤聲音，一起偷偷看我、偷偷說我的壞話，真的很討厭！我不知道我們班的人是不是死了，總之我希望不是他們死了就是我死了。

我最討厭我們班的人要跟我講話的時候，還要一副我很髒，碰到我會變成過動症低能兒的樣子！而且今天又發生最難過的事情了，就是我下課本來都可以去圖書館看書，結果上課的時候林某某故意折斷我的筆芯，我就生氣的大哭大尖叫，然後老師不准我下課一星期。我真的好討厭來學校，所以未來的我，我想問你，我現在討厭的人（尤其是林某某）死了嗎？我真的好討厭來學校，我也討厭爸媽、老師說我一直注意那些人，可是我就是很不喜歡他們啊！大人都說班上也有同學想要跟我當朋友，可是林某某還有那些人害我沒時間交朋友，好討厭。

我也不是不想交朋友，可是每天看到我在班上的死對頭，我就覺得好煩！好煩！總而言之，他們每天都在弄髒我的心情。你長大了嗎？你討厭的人都不見了嗎？我不知道該拿我討厭的東西怎麼辦，而且我每天都會看到我討厭的東西。我討厭林某某、那群男生、還有我討厭訂正數學習作。為什麼討厭的東西每天都會見面呢？我該怎麼辦？好煩喔。

小三的大坦誠敬上

給三年級的大坦誠——

看到你一直問「面對討厭的人怎麼辦」，讓我想起，你真的花了很多時間，在想辦法面對討厭的人。

雖然我有很多反擊的方法，但我注意到你說「你都沒時間交朋友了」，所以我想和你討論一下「面對死對頭怎麼辦」這件事。

我們的爸媽還有老師花了很久來釐清，為什麼一個看起來呆頭呆腦還有點遲鈍的小胖，會這麼堅持每次進入新團體，就要找一個死對頭來鬥？是要怎樣？把自己當成遊戲王卡還是跳棋？

直到當過三年級的導師後，我才成功釐清這一宗「世紀大懸案」。我們的個性就是害怕自己會突然收到壞消息或是猝不及防的遇到壞事，所以習慣先去找讓自己失望、不安、討厭的人事物，來告訴自己「好，我知道最差的狀況還有最討厭的人是什麼了，我準備好了，可以放心了。」

所以從小到大，每次要吃便當，一掀開便當盒，我一定會去找我最討厭的茄子、三色豆、冬瓜，先逼自己面對「最不愛吃的食物」；到了新的團體，我一定會盯上那個對我敵意最深、或是我最看不順眼的那個傢伙，也就是「找敵人」啦！但其實我也不用特別找敵人，因為我不太會主動看別人不順眼，大多都是別人看到我的身材或是我那遲鈍的反應，就會開始欺負我。

我面對便當裡面討厭吃的食物的方式就是：趕快捏著鼻子把它們吃掉後，我就可以安心享用便當；我面對新群體裡面討厭的人的方式就是：先把討厭我的人逼走，這樣我就可以安心的適應新團體了。但人類怎能跟便當配菜相提並論？配菜吃掉就好，但討厭你的人根本不會消失。所以，我每次都沒能好好的適應新學期，我整天都在跟那些班上的敵人爭吵纏鬥，直到分班前夕，都還沒鬥完。我纏鬥的方式非常激烈，只要對方挑釁我，我一定會加倍還回去，因為我怕一群人一起欺負我，但到最後我會一個人弄哭一群人。

現在的我其實不怪爸媽老師每次看到我找人「鬥」就受不了，我現在教書的班也有小孩會一直犯同樣的錯，我都在想，已經講了千百遍了怎麼還有辦法一直犯一直犯？可是沒辦法，每個人都有自己花上大半輩子都解不開的結。我也不認為跟你說「你再這樣把時間浪費在討厭的人身上你是要怎麼好好過日子？」會起到什麼效果，因為我知道你一定不會聽。而且小時候我最討厭聽到「你為什麼不拿時間交點朋友，你把交朋友的時間拿來鬥人了！」這句話，因為我總覺得，我要先解決敵人，才能放心交朋友啊？結果我都沒時間交朋友。

所以我幫自己整理了一個表格。

國小低年級階段

● **我的死對頭：**上課一直轉頭對我做鬼臉，覺得惹我生氣很好玩的一群人。

● **我的處理方式：**瘋狂大哭大叫，讓全班都無法好好上課。

● **結果：**全班都無法認真上課，而且我還是沒交到朋友。

● **我的好友清單：**除了劉老師要他幼稚園的兒子跟我當朋友外，班上幾乎有沒朋友。我曾經幫助過一位從花蓮轉來等待安置的同學，他好像怪怪的，但我也怪怪的，所以我對他很好，可是後來他被安置了。我只記得很可惜，沒跟他一起玩。還有另外一位同學，我記得他手臂有嚴重燒傷的疤痕，而且都不講話，但我很喜歡找他搭話，他也喜歡跟我講話，他還有邀我去他家玩。

● **我有充足的時間和朋友一起玩：**沒有，我都在跟大家吵架，要是能再多花點時間跟他們玩就好了。

● **我後悔嗎：**蠻後悔的。

國小中年級階段

● **我的死對頭：**一直對我大聲尖叫「你好奇怪！好胖！好常被老師罵不要跟你玩！」的一群男生。

● **我的處理方式：**不停的挑釁他們，寫紙條罵他們、詛咒他們。

● **結果：**那時候我整天都被老師罰。那群男生逼我在班上的好朋友跟我絕交，再後來他們一起打了一位同學，雖然我不在場卻都推給我，說是學我的，結果學校裡的老師全相信，我就被處罰了。

● **我的好友清單：**完全沒有。但我開始更熱愛閱讀跟寫作文，所以我的作文拿了大大小小的獎。

● **我有充足的時間和朋友一起玩：**我的好朋友就是作文，因為沒朋友可以跟我一起玩，所以我一直寫作文、參加比賽，還寫故事畫、漫畫給自己看。

● **我後悔嗎：**很矛盾，有朋友的話我一定不會這麼愛寫作文。

國小高年級階段

- **我的死對頭：**班上的資優生開學第一個星期就看我不順眼，因為我胖、遜、沒有玩電玩、有過動症，他非常不屑我，而且是超級無敵不屑我，並號召其他人排擠我。
- **我的處理方式：**不停的挑釁他們、寫紙條罵他們、詛咒他們，只要他們偷偷講我壞話，我就取超級無敵難聽的綽號把他們弄哭，然後有一次他們不知道為什麼拿飛盤射我，我被他們射完後，我把我自己撞得滿臉是血，說是他們害的，結果全部的人都崩潰了。
- **結果：**他們痛苦，我也痛苦。
- **我的好友清單：**在畢業前夕，我交到了一群朋友，那群朋友讓我的國小生活變得非常快樂，我每天都忙著跟朋友一起玩樂。
- **我有充足的時間和朋友一起玩：**不算是有，因為我跟我的朋友們太晚變好了。
- **我後悔嗎：**超級無敵爆炸後悔。要是早點變好，不要花這麼多時間在死對頭身上，畢旅就可以同一組了。

國中階段

- **我的死對頭：**一開始，班上有一位以貌取人的同學，因為我長得很醜、很肥成績又很差，就對我有偏見，試圖排擠我。
- **我的處理方式：**我把所有心思都放在那群想要排擠我的人，他們被我罵到情緒失控，並且我變成一隻刺蝟，不讓任何人接近我，因為我覺得我很爛、很醜、很笨、有過動症、很可悲。
- **結果：**全班被我鬧得雞犬不寧，我還被情緒失控的同學惡作劇弄到差點瞎掉。
- **我的好友清單：**在畢業前一週才有。
- **我有充足的時間和朋友一起玩：**我在畢業前一週和全班和好，其中跟我吵得最兇的人在畢業那天送我一束花，跟我說「要是我早點知道你其實不壞就好了」。
- **我後悔嗎：**我覺得我該改正自己的自卑感並試著更加善良。

高中階段

●**我的死對頭：**在班上我為了得到好人緣，為他們做牛做馬後，還不斷以欺負我為樂的猴子和胖子。

●**我的處理方式：**我忍氣吞聲，因為一點小誤會，就被他們霸凌，因為我希望不要重蹈國中的覆轍，想跟大家好好相處。

●**結果：**那群人還是沒放過我，把我逼到不停自殘，而且他們還會偷拍我的照片放上網路取笑，並且用力的把我手上自殘的疤痕摳裂，讓我血流不止。他們還會故意藏我的東西，或直接搶我的東西去用。但為了脫離他們，我考上了一間當時以我們高中的成績不可能考上的國立大學。

●**我的好友清單：**有幾個明辨是非的同學堅定站在我這邊。

●**我有充足的時間和朋友一起玩：**算是有，因為在黑暗中他們拉了我一把。

●**我後悔嗎：**我有一點點後悔。我當初應該切換國中模式，跟猴子群大吵一架的，但沒有猴子，就沒有我那群真心朋友，也可能無法達成我挫敗中奮起考上國立大學夢想。

大學階段

● **我的死對頭：**覺得我沒得文學獎很笨又充滿負能量，所以一直對我指指點點、私下傳我的不實謠言又沒勇氣當面跟我談判的同系同學。

● **我的處理方式：**他們偷偷發一篇文罵我，我就發十篇文罵回去。同時我逼自己成為比他們優秀的人，加入讀書會、去外校修課、試著出版刊物，想著要成為作家跟老師，讓他們知道我不笨。

● **結果：**我真的成為作家跟老師了。

● **我的好友清單：**有。我遇到了跟我一樣被那群同學指指點點的人，也有真正欣賞我才華的人。

● **我有充足的時間和朋友一起玩：**非常多。我終於願意花更多時間在朋友身上。

● **我後悔嗎：**些微後悔。我覺得大家都不是壞人，只是不太適應和自己想法大相逕庭的人。

不是不能理死對頭，而是要用聰明的方式理會

從這些表格，你看到了什麼呢？我發現自己大部分的時間都忙著跟死對頭鬥爭，並且後悔自己沒有好好的花時間跟我那些珍貴的朋友們相處。我在想，我都忙著跟那些不認同我的人爭輸贏，卻忘記多靠近認同我的人，我才會更加認同自己。

我還發現，雖然我高中時因為沒有反抗，所以有了好成績、有了真心好友，但我覺得，我還是可以用自己的方式尋求協助，才不會讓那群猴子對我的身心造成傷害。

還有個地方值得一提：大學之後，為了氣那些討厭我的人，我非常的努力，這反而讓我起到了正向的效果，我在想，我大概是到大學才知道：「要真正脫離討厭我的人，就是讓自己優秀到他們追不上」。

想到這裡，我覺得「努力的跟那些討厭我的人」搏鬥好像也不完全是壞

事，經過前面的教訓，我才在大學時期知道，「讓自己變好」才是不會害到自己的「打敗死對頭」方法；而你也知道，「和好朋友相處」遠遠比「和死對頭的搏鬥」重要。我們一起學會這件事，在未來的路上少一點遺憾吧。

對了，我們還有一個死對頭，那就是數學，數學習作是我童年的敵人，你整天都覺得數學習作訂正很煩，數學習作也是我現在的敵人，因為我覺得整天都在管小孩訂正數學習作很煩。

我就把這當成一種「活到老，學到老」好了，你說呢？

還有，記得「先乘除後加減」！

還是沒有脫離你的死對頭「數學習作」的大坦誠敬上

我是個心思細但反應慢的人。
死豬！擦布借我再送我！
所以我被佔便宜或欺負的當下，常常反應不過來。
但無論隔多久，只要我一反應過來，
我好像……被欺負了？？
恨！恨！恨！恨！恨！
我都會立刻去找對方算帳♥
噫……噫……噫……
愛偷死豬的擦布，就等著被變成擦布屑吧♥

四年級的信

校外教學的「人緣不好小隊」

給大坦誠——

要去校外教學真的很煩耶。

每次去校外教學，我都要擔心分組的事情，煩死了，我怎麼覺得校外教學最開心的就只有在遊覽車上面吃零食，最煩的事情就是分組之前要一直想誰要跟我同組，誰人緣不好，誰人緣太好，結果最後就是我們這幾隻沒有朋友又互相討厭的笨雞被丟到同一組去互啄。

而且校外教學也很不自由，去哪裡都要整隊排隊、整隊排隊、稍息立正站好、稍息立正站好，我明明這邊的展覽還沒有看夠，就要去下一個活動了，還要擔心忍不住搗蛋被老師罵，你知道最討厭的事情是什麼嗎？我還記得三年級校外教學的時候，我們班那個賴某某超愛罵我，而且大家都說他很酷，還有每次他搗蛋大家都覺得他很帥，他一下車就像是屁股著火一樣嘻嘻嘻嘻嘻的狂跑，大家都為他歡呼，明明老師在遊覽車上面都說不要跑了！所以我很生氣的說「你的屁股著火了嗎？跑跑跑跑跑！」結果我被罰了，最後我媽當然又接到了老師告狀的電話！希望賴某某的屁毛被燒掉！

對了，我還記得之前有一次來幫忙的志工爸爸問我，為什麼是過動兒還要來參加校外教學，我應該待在家裡。奇怪耶！其實我不知道過動兒到底是什麼，但我媽說我是過動兒、是神經病，我又不是神經病！所以我還是有點難過，我本來很高興的跟志工爸爸打招呼的說！我有點受傷！

三年級的校外教學還不是最討厭的，我覺得小學二年級的夏令營最恐怖。那個時候我們這組的五年級醜鴨嘴女看到我一直矮額矮額矮額亂叫，煩死了，她整路上一直挑釁我，老師又不管，我就只好哭哭哭哭，結果夏令營的老師還把我媽請來。我對媽咪覺得抱歉，她一直跟著我們在大太陽底下行動，但我記得媽咪最害怕曬太陽了，雖然看到媽咪我很安心，但又覺得很不好意思，更覺得很煩，鴨嘴女什麼時候可以死掉啊？都是她害的，夏令營老師都不問我為什麼哭。所以後來拍大合照的時候我用力扯了鴨嘴女的頭髮，鴨嘴女終於哭了。

後來我媽都不讓我去校外教學，四年級有幾場校外教學，我都不能去。大家在校外教學的時候，她讓我在家看電視，或是帶我去圖書館找我喜歡的書來看，有時候還會帶我去吃涮涮鍋。

我喜歡看電視、去圖書館找書、也喜歡吃涮涮鍋。可是我也好想體會那種跟同學一起在遊覽車上出去玩的感覺。算了，還是不要好了，每次校外教學，我都因為跟討厭的同學待在一起所以心情超級差的。

你長大後的校外教學，有沒有比較幸福呢？希望有。沒有的話，也希望你可以在大合照的時候揍一下你討厭的人，這樣就不會只有你難過了。

小四的大坦誠敬上

給四年級的大坦誠——

我現在常常去校外教學喔，因為有很多學校邀請我去演講，所以我會搭高鐵去臺灣各個縣市的學校，演講完還會順便去附近玩一下，還有去吃好吃的東西。你最喜歡的左營春秋閣，我上次演講完後有去喔，而且再也沒有老師會一直整隊排隊、起立坐下了（可是，我們當老師的也覺得做這檔事累死人了）。

沒辦法，你平常在學校人緣不好，出去玩怎麼會好？雖然現在建議你已經來不及了，但根據我們的經驗，我會建議人緣不好的小孩以後去校外教學不要滿腦子都想著要跟大家玩，因為說難聽一點大家不會跟我們玩，但我們可以趁這個機會把心思都放在要去看的東西上。

這樣講好難喔，所以我都把我們班人緣不好的那幾個以小老師的名義帶在身邊。所以我要謝謝你，你讓我知道要怎麼陪他們。我跟你介紹我現在的校外教學好嗎？

我的校外教學「人緣不好小隊」

這是我當小學一年級班導師發生的事。我在一次校外教學中，組了一個「人緣不好小隊」。

因為對於人緣不好的小朋友來說，校外教學就是「出發前滿心期待，出發時被同學冷落，回程時被老師檢討」的噩夢。我們班那些人緣不好的小朋友才一年級，這是他們的第一次校外教學耶！為了避免第一次參加校外教學就經歷這些噩夢，我決定親手打造一個讓他們能感到快樂、也學到與人相處方式的美好之旅。

這就是我成立「人緣不好小隊」的原因。

成立「人緣不好小隊」的第一步驟，就是「先選人緣不好的隊員」。

我選擇班上最常被冷落、欺負、或是最容易主動和人起衝突的男孩和女孩，把他們編入我的「小隊名單」，校外教學那天，他們要跟我一起行動。

第二步驟，就是「假裝我的隊員不是因為人緣不好才被我選上的」。

其實只要小孩不討厭老師，跟著老師校外教學一起行動是一件不錯的事，可是我也知道在大型活動被抓出來跟老師待在一起，很丟臉。

因此我先問全班，誰要跟我一組，當我的小幫手？全班幾乎都舉手搶著要，而我假裝思考良久，選了我名單中那幾位人緣不好的小朋友和我組隊。我並沒有告訴全班「我們人緣不好所以待在一起喔！」，而是說「他們是我選中的小幫手，要好好幫助我才可以唷。」聽到這句話，那些因為人際而暈頭轉向的孩子們不僅不丟臉，還個個喜上眉梢！

「人緣不好小隊」就這樣成立了！

第三步驟，就是精心準備小點心，在校外教學當天發給「人緣不好小隊」的隊員們，並告訴他們，這一次的使命就是要開心。

這就是人緣小隊的成立步驟。

人緣不好小隊的意義

成立「人緣不好小隊」的想法，源自於我的回憶。

國小一年級的校外教學，我打起精神跟來幫忙的志工爸爸問好，結果對方直接「嘖」一聲叫我過動兒，當時我才知道：有一群家長背著我在說我的壞話，轉頭一看同學們也完全不想和我說話，那種感受我到現在都記得。

到了中年級，爸媽為了不讓我和同學起衝突，特別跟著我去校外教學，所以校外教學的其他同學開心的玩，而我卻得跟著爸媽，這樣好丟臉。

到高年級後，我看著校外教學通知單，決定直接不去了。我不想看著戶外美麗的風景，感受冰冷的人際關係。

而現在，我也是小朋友的老師了。一樣的國小校外教學，不能再發生一樣的不安，所以我左手牽一個、右手牽一個，還讓平常最想表現又最常搞砸的小孩在前面當領隊。我們避開人群，在放滿新奇擺設的展廳自在的逛了好久。那些疏於交際的小朋友遠離人群後變得更自信了，開始搶著跟我介紹他們看到了哪些石像。

在涼亭野餐時，我跟「人緣不好小隊」的孩子們說：「旅行有很多不一樣的方式，有人搭飛機，有人搭火車；有些人跟一群人一起，有些人自己一個人出發。有時候我們會羨慕別人可以跟一大群人一起旅行，但其實一大群旅行的人，可能也會覺得一個人旅行是很勇敢的。

所以，以後校外教學沒人想要跟你聊天，不想跟你野餐也關係，你就把自己當成是一個人獨享ＶＩＰ貴賓室就好，然後自己在校外教學找到獨家景點，回家跟爸爸媽媽說，還有跟老師說。如果你常常不靠別人就可以自己找到好玩的地方，那就代表你們比別人更會玩喔，可以當導遊！你們長大之後會遇到更多人、更多好朋友，有一天遇到跟你們待在一起不會吵架的人，再一起去旅行，到時候你們要搭帳棚啊、騎機車啊、一起出國都可以。」

我猜他們百分之百都聽不懂我在講什麼（這畢竟只是教師的自我感動之

一），他們只是埋頭吃學校發下來的麵包和愛心媽媽給的杯子蛋糕，吃得很香，然後跟我說「那老師我長大要出國騎機車」！這樣也沒差，畢竟出來玩就是開心就好，而人緣不好的小孩，高機率都會在意討厭自己的人說了什麼讓人生氣的話，所以「開心」反而是很難達到的標準。幸好，我要他們每個人說出一個校外教學好玩的景點時，他們都興高采烈的說了好幾個地方。

他們開心，就是最大的意義。

吃完飯，人緣不好小隊的隊員們自動自發的組成一條小火車，發出「嘟嘟」的聲音走回集合地點，在附近散步的爺爺奶奶看到這樣的兒童小火車，開始花式讚美他們可愛很乖，平常在學校根本沒有這種被花式讚美可愛的待遇，我看他們都露出了害羞的笑容，我相信人緣不好小隊對於今天的行程，應該感到蠻驕傲的吧！

其實我也不是對這些人緣不好的孩子偏心，因為我不想要因為自己的童年創傷，就逼著班上其他人緣不錯的小孩一定要學著接納這三個人緣不好的小孩，或是要讓那些來幫忙的家長幫我顧這些更難應付的孩子。雖然我們班來幫忙的家長都是非常溫柔的媽媽，不會欺負任何小孩，但就是因為她們人超好，所以我跟她們說「這幾個小孩給我帶就好」。

校外教學就這樣圓滿的結束了，沒有人說「人緣不好小隊被隔離」，因為他們都很佩服「人緣不好小隊」當了老師一整天的小幫手。這樣眞好。畢竟人緣不好小隊之所以成立，是因為我希望當孩子發現自己不得已和別人不同時，不用自卑，反而專注在那些別人看不見的風景。

至於，練習被群眾孤立時的成熟度什麼的，等長大再說吧！低年級時負責感受愛和快樂就好。

也許會有人說，「老師你也不能一輩子都陪他們校外教學啊」，但我覺得，如果第一次的校外教學要有「開心的與人合作、不衝突」的經驗，他們才有可能在第二次的校外教學努力的找出讓自己開心的方法，不是嗎？

以上就是我的「人緣不好小隊」故事，不知道你看完，願不願意也加入我的「人緣不好小隊」呢？

要有人結伴同行，先學會和人相處

最後，我想說，要去旅行，就一定要聽聽看別人的意見，像是我喜歡看海，但我最好的朋友喜歡逛百貨公司，所以如果要讓我的朋友開心，我就不能把他拖去看海，對吧？像是我們超討厭玩桌遊，如果好朋友把我們抓去玩桌遊，我們也會不開心，不是嗎？

所以跟別人出去玩要開心，除保護自己外，也要找到跟別人相處的方式。但就是因為你們這個年紀學不會，所以我會努力保護你們。

可是我大概比你怕校外教學，我上次帶小孩去士林官邸之後回家直接變成一坨累倒在地的花園雜草。

剛陪孩子結束第一次校外教學的大坦誠敬上

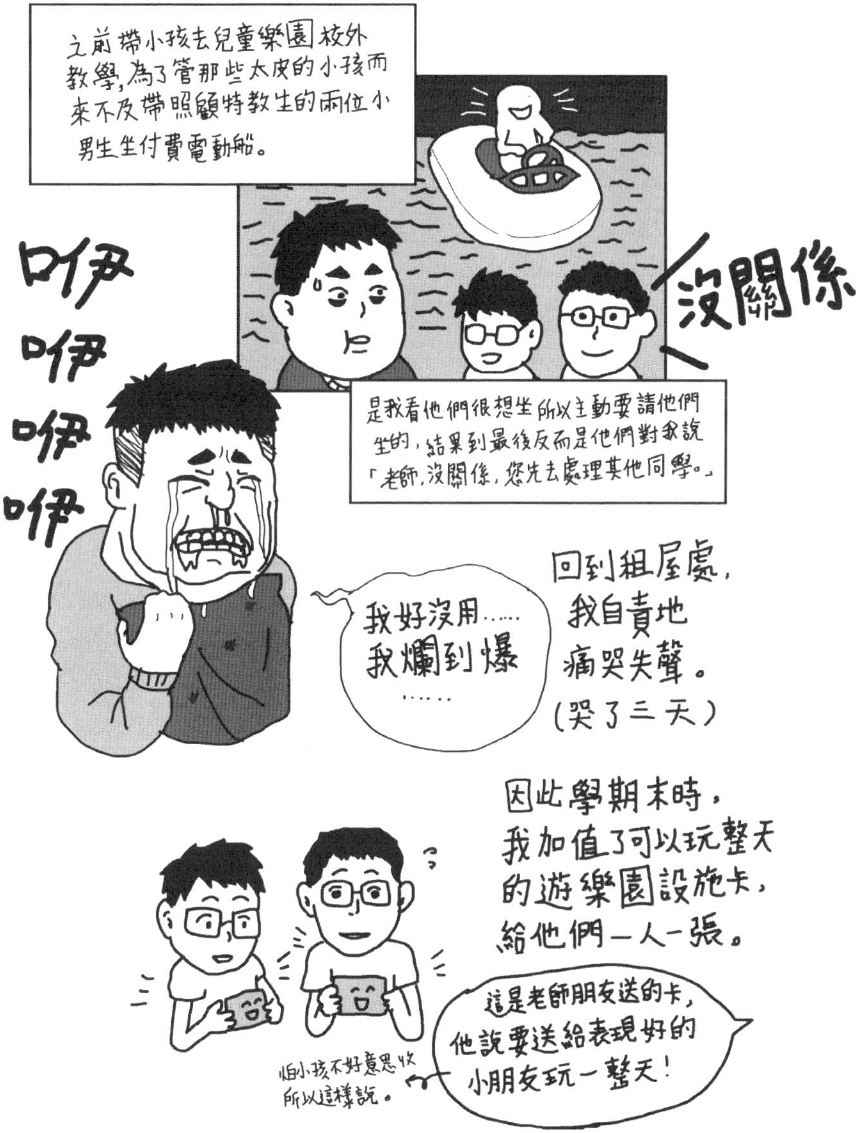
之前帶小孩去兒童樂園校外教學，為了管那些太皮的小孩而來不及帶照顧特教生的兩位小男生坐付費電動船。
沒關係
咿
咿
咿
咿
是我看他們很想坐所以主動要請他們坐的，結果到最後反而是他們對我說「老師，沒關係，您先去處理其他同學。」
回到租屋處，我自責地痛哭失聲。（哭了三天）
我好沒用……我爛到爆……
因此學期末時，我加值了可以玩整天的遊樂園設施卡，給他們一人一張。
這是老師朋友送的卡，他說要送給表現好的小朋友玩一整天！
怕小孩不好意思收所以這樣說。

五年級的信

我的線上聊天夢

給大坦誠——

你現在有即時通嗎？你常常在即時通上面跟人聊天嗎？

跟你說，我好不容易辦好了即時通，也幫自己創了無名小站喔，密碼有夠難記的，而且我家的電腦每次都會當掉，煩死了，我已經夠胖了，我的電腦還模仿我當遲緩豬。

其實我也沒有很喜歡玩電腦，因為我打字很慢。可是每次看到同學在聊即時通的內容時，我都會有一種「玩即時通人緣就會變超好」的錯覺，我總覺得只要自己開始玩即時通，就可以變成一個了不起的人。你們看那個鼻子很歪的二十八號還有跩得要命的八號，明明一個是成績爛到爆，整天去網咖的小太妹，另一個是王子病，只要跟我離得太近，就會喊著說要被我傳染精神病了，但他們下課聊著即時通的樣子，總讓我覺得他們掌握了某種魔法，然後靠著這種魔法進入了所謂「人緣好」的魔法世界。

我也想要那種魔法。

於是我好不容易辦了即時通，也在我的即時通狀態上面寫下「封心不再愛，想要離開」，卻沒有半個人「敲」我。於是我把我的即時通狀態改成「先忙了。掰」，來假裝自己不是那個沒有人關心的人，但我卻覺得自己真的來到了人緣好的魔法世界，可是我根本不是那種有魔杖的魔法師，而是在魔法世界裡面用屁股寫字的可悲胖精靈。

以前拚命寫了好幾頁該死的數學評量後，我媽才會准許我玩電腦三十分鐘，然後我就會登入史萊姆好玩遊戲區射氣球。但現在我開始有即時通了，我卻發現玩即時通並不會讓人緣變好，而是要讓人緣變好後即時通才好玩。

只不過我每天都還是努力的想要登入即時通，看看魔法會不會忽然出現，讓我變成班上的人氣王。

我要跟你抱怨一件事，就是前幾天老師讓我跟另一個人緣很好的人一起辦鬼屋。他們都知道我的點子最多又很會做道具，所以就算他們不太喜歡我，也會硬著頭皮讓我主導這場鬼屋行動。

於是我終於能夠把組員加入我的「多人聊天室」，這是我的「多人聊天室」第一次有人加入耶！我們還約好星期四的晚上九點在線上討論。我每天都期待星期四的來臨，期待到快要死掉，可是最爛的事情是，星期四的時候，我媽禁止我玩電腦，因為我忘記做家事。

我氣到放聲大哭，她根本不懂，這是我唯一能夠體驗跟同學多人聊天的機會。等我終於說服我媽再給我一次機會時，我衝向電腦，發現大家都討論完，然後下線了。

我大哭大叫，說都是我媽害的，我媽不理我，只是轉身去洗衣服。我氣死了，我真的好難過，卻又有點難過不起來，我其實知道，就算我加入多人聊天群組，我也只是一直描述該怎麼做道具，然後那些同學一樣聽不懂，到最後我還是會自己一個人做完。

然後我就慢慢不哭了。

睡前我才偷偷的承認，我其實不愛玩即時通，我只是很想跟同學有話題可以聊，還有我只是很寂寞，不想承認，又不知道該怎麼辦而已。

小五的大坦誠敬上

給五年級的大坦誠——

哈囉，其實我們都知道，為了引起別人的注意，你在即時通上面寫了一大堆尷尬到不行的話，你還假裝自己是黑道，還假裝自己家裡有養很酷的變色龍，我們為此尷尬了好久，有時候我騎摩托車時想到這些事，還會覺得很尷尬耶！

只是很抱歉，我現在好像也是為了引起別人的注意，繼續在網路上寫一堆很尷尬的話。可是那是為了我自己還有專欄點閱數跟銷量，但你好像是為了要跟王子病還有小太妹交朋友。先不要啦，以後咱們人生路上多的是小太妹跟王子病可以跟你周旋。

我其實很想跟你分享，現在 Line 群組非常發達，無論你是多怪的人，都一定能夠加入對你胃口的群組。可是在大多時候，網路上的網友遠遠不比現實中的朋友可靠，網友的擁戴是止痛藥，但現實生活的溫暖才是真正的醫生。

但我也知道，你真正煩惱的，是「寂寞」，而且你的寂寞是比較出來的。怎麼說呢？原本你玩史萊姆遊戲玩得好好的，然後你發現同學都在即時通講小祕密，於是你倍感孤寂。並不是史萊姆射氣球遊戲變得不好玩，而是同學有，你沒有，所以這樣「你有我沒有」的「相對剝奪感」使你感到寂寞，因此你高喊「我也想加入你們」，但沒人理你，於是你更寂寞了。

那我來告訴你，我在後來真的加入多人聊天的故事。

我的鬼故事輸給了CS

高年級時，我們學校曾傳出某個非常小的靈異事件，但說真的，一點風吹草動，就可以從讓我們這些國小生七嘴八舌了。因為這件事真的新鮮到每個人都在討論，所以我終於加入了一個名為「學校鬧鬼討論區」的群組聊天室。

在鬧鬼討論區跟同學一起大談校內鬼故事的那三天，是我國小少數最風光的時刻之一。我在那裡面窮盡我的說故事（但我覺得比較像是胡說八道）本能，和大家熱烈討論著學校哪裡可能還有鬼。

那三天我開心嗎？我也不確定。我是成功加入了大家的多人聊天室沒錯，可是我隱約覺得，我跟大家聊天的話題就只有「鬼故事」，聊完後我還是那個邊緣人。回到家我發現鬼故事群組慢慢的變安靜了，我非常不安的試圖再帶出另一個鬼故事，沒想到我們班的人氣王在裡面隨口問了一句「你們有玩ＣＳ嗎？要不要加我」，群組的話題立刻變成ＣＳ槍戰，也就是我最討厭的那款遊戲。我拚命的想要帶開話題讓大家繼續和我聊天，但我發現大家早已跟隨人氣王去了另一個聊天室，而我就像亡羊補牢故事裡的小牧羊人一樣，看著到手的羊群都跑向ＣＳ遊戲了，卻只能在原地和我的貞子以及花子一起大喊「有人要聽鬼故事嗎？」

總之，那三天就像是莫名其妙的夢一樣，醒了就沒了。

夢醒之後，才有收穫

你很幸運，生在即時通剛出來的年代，我想現在的五年級小孩應該比五年級的你辛苦，因為短影音、網紅等話題更新的頻率，就像每天營養午餐的餐桶一樣，由同學快速抬進教室，又由同學快速抬出走廊。如果為了有參與多人群聊的感覺，而汲汲營營的迎合大家，那麼你會更累，又更孤獨。

這件事大概是在提醒我，無論你拼命跟上群組的話題多少次，只要跟你聊天的人不是眞正的朋友，你還是會隨著新話題的出現而被他們拋在後面，沒有跟上新話題的你會有被遺棄的滋味，而好不容易在新話題裡面插入幾句話的你，卻又會因為擔心隨時有更新的話題出現感到坐立不安。

但我到大學二年級時，還是為了跟上朋友們的話題，汲汲營營的去迎合，努力在縫隙之中講話，然後被忽略。可是我不後悔，因為人總是要在「能夠和大家聊起來」跟「不硬要跟誰誰誰尷尬的聊天」之中找到平衡點，才能夠學會所謂的「溝通」。

只不過我最近才跟另外兩個大學同系的朋友開始聊天，我們其實失聯快一年了，現在分別在桃園、臺北還有中部教書，平常幾乎都碰不到面，但因為我們都在國小教書，所以我們都會聊一些有的沒有的話題。我們並不會像開會一樣定主題，先說「今天要聊養樂多是怎麼被發明的喔！」之類的東西才開始聊天，我們總是隨心所欲的分享，也不在意另外兩個人會不會回覆，因為我們都是朋友，只要有時間就會回對方，沒有害怕拋下誰或是害怕被誰拋下的壓力，有時候還會趁大家都有空，開群組通話。

現在我二十七歲了，才有這樣的群組，所以你也不用急。

繞了一大圈，我想告訴你，學會打字後，跟同學聊天當然是值得開心的事，可是如果沒有跟上同學的網路話題，沒辦法跟同學多人群聊，或是沒有專屬於自己的群組也不用驚慌，因為慌了，然後強求，只會落得吃力不討好的下場。

要享受傳訊息的第一步，就從「不強求」開始。

到現在還在用小畫家畫圖的大坦誠敬上

當年流行網名
網名：橘咩★想安靜哺銘白曖
狀態：那婐走.
網名：小翼\☆/唯一是倪=◎=
狀態：狠想狠愛。
當年的酷男酷女都是這種風格。
網名：肥油玉蘭花
狀態：尖叫呼喊！尖叫呼喊！尖叫呼喊！
想要融入大家品味卻又很變態的傢伙。

六年級的信

我是隨時會爆炸的肉彈戰車

給大坦誠——

我要畢業了。

我到六年級應該要變成帥哥，我想要有喉結，然後長得很高，就像飛輪海那樣。結果今天我照鏡子，我看起來像是掉進海裡的麻糬，很圓、很鹹、很沒用。

畢業典禮的時候，每個學生手上都有一顆氣球，結果我不小心把手鬆掉了，我的氣球用「六親不認」的姿態飛離我身邊，我的畢業典禮就在遺憾中結束。那天我跟好不容易交到的朋友去玩，媽媽還給我零用錢，我回程買了一杯冰淇淋吃，本來是想要慶祝自己的童年結束，但又有點不安，感覺我的童年好像沒做什麼有用的事情就要這樣結束了。我總覺得，我好像都在期待自己變成更好的人，但我都沒有。我十二歲了，會變成青少年，不再是小朋友了。

但我不想要成為青少年，我只想成為別人。成為別人應該會比較幸福吧？無論是成為我們班的王子病還是小太妹都好，因為我在我的身上看不到未來，我不要像是陳老師預言的那樣，只能一個人度過難關……這樣顯得很孤單耶！

對了，講到預言，大家都說二〇一二年是世界末日，我不知道世界末日會不會來，就算沒有世界末日，我對於未來有好多害怕。所以未來的我，如果可以的話，可不可以告訴我，你的未來會不會很糟？你有沒有交到朋友？我一直覺得自己沒有朋友，這中間到底出了什麼問題？如果可以回頭看看我，能不能告訴我，我到底是不是糟糕的小孩？

小六的大坦誠敬上

給六年級的大坦誠——

我常常在想，如果我見到你，我該跟你說什麼？

我該說我現在交到很多朋友嗎？這點我不能保證。可是，我敢說，你在六年級的時候，交到了很多朋友——雖然，討厭你的人，比你交到的朋友還要多了好幾倍。

你是怎麼樣的人呢？我記得當時的你已經長了幾顆青春痘，聲音已經有了青少年的粗啞，一樣討厭自己的長相還有身材，卻又不允許別人嘲笑你。

我該覺得心疼你嗎？倒也不至於，因為你不是受害者。你讓欺負你的人都付出代價了，你被冷落多少、被欺負多少，你就造成多少麻煩。大多時候，你會為自己大聲疾呼。

可是我該覺得你可惡嗎？我也不這麼想。畢竟人際關係這部分，你花了好多年在你寫得滿滿的日記上探討，甚至記錄那些好人緣同學的一言一行，想要寫一本《人際關係操作手冊》。你總是一直追求著要交朋友，卻又總是搞砸，怎麼大家都有一把打開他人笑容的鑰匙，而你卻拿著一根鐵棍到處碰壁？爸媽老師都講到煩了，你卻還是不懂。

可是，我必須要跟你說，要是我是你，我也不會想要跟你當朋友。

一輛隨時會爆炸的肉彈戰車

肥胖、呆頭呆腦，發呆的時候嘴巴張得超開，好像要用嘴接鳥屎來吃一樣；沒自信、脆弱、講話不經過大腦，「穿搭」一點都不酷，跑步很慢，而且男生該喜歡的你都不喜歡，女生愛玩的你也玩得不好。你一天到晚被別人利用，卻又不斷試探愛你的人底線在哪。對了，你還有過動症，可是你要想，我們本身就是一顆沾過屎的肥河馬形狀爛饅頭，多一點過動症又沒差，大便上多一隻蒼蠅，你覺得有差嗎？而且我從來沒有享受過「喔！這個孩子有過動症，我們要給他秀秀呼呼」的福利，我們反而被稱之為「引擎隨時都要爆炸的肉彈戰車」。

這些都不是我罵你的，這些都是我在翻開你國小六年級時的日記本裡看到的。這些難聽的詞來自四面八方，包含你的親戚、補習班同學、路上的中輟生，以及一堆不重要的人等等……我相信那些罵你的人都不夠了解你，但自卑如你卻把一字一句都聽了進去。

你是如此的自卑，所以你開始懷疑那些愛著你的人到底是不是眞的愛你，你不懂得如何表達，卻氣急敗壞的遷怒他們，你覺得就是因為他們愛著這樣的你，所以才一直都是這個死樣子，但同時你又如此需要他們的愛。你其實很想證明自己眞的很不錯，但卻又把自己渾身上下批評得一文不值，這樣到時候即使眞的整個人都被毀掉了，至少你也可以對自己自圓其說「反正我就是這麼糟糕！」

其實身邊早有一群愛你的人

雖然童年即將結束，但多虧了那些愛你的人，你的童年其實一點也不差。

六年級的此時，你交到一群非常不錯的朋友。你們班二號是個獨行俠，在全班幾乎都對你避之唯恐不及的時候，他勇敢的當你朋友，承受你那聒噪至極的尖叫聲，然後讓你的朋友群團結起來；十號是個數學極好的小紳士，他總是願意和你在下課的時候一起玩。十二號大概是世界上個性最好的人，無論你把一切搞得多糟，和你走同個路隊的他，在任何時候會聽你講話，對你露出笑容。還有十三號，雖然他也有點愛生氣，但善良的他常常對你伸出手，邀你加入他的遊戲……你們的團隊叫做「肥孬俱樂部」，這個變態又喪盡天良的名字當然是你取的，只不過這群自稱肥孬的國小男生裡面，只有你是肥孬，還有他們包容了又肥又孬的你，畢業的時候，大家還去十號家痛痛快快的玩了一場。

你的班導靜怡老師，用盡各種方式來讓你展現才華，也用盡了所有方式來讓你交朋友，但你幾乎每次都失敗，還在學校惹怒了人氣王，讓他號召全班拿飛盤砸你。除此之外，你喜歡校園裡面的壁畫，還有那間舒適的圖書館。你喜歡從大禮堂走到六年級教室的那個長廊，因為那裡可以用一種最優美的角度俯視全校，你可以剛剛好的觀察大家，大家卻又不會注意到你。

還有，長廊之下，是最願意聽你講話的陳老師。你還記得陳老師嗎？那個每次都笑著聽你抱怨、一直鼓勵你，卻又不會隨便誇讚你的陳老師。我覺得我們欠她一句感謝和道歉，我真的有點氣你，因為她在畢業時告訴你「人緣差也不會怎樣」，而不是祝福你「上國中就當人氣王」。結果你明明知道她說得對，卻因為不知道該怎麼和她道別，所以連一張合照都沒和她拍，也沒有把自己寫好的卡片親手交給她。

我只是想告訴你，成長到現在，縱然你在人際上面常常吃虧甚至受傷，但你身旁一直有愛你的人，而那些愛你的人，希望你更重視自己。我很想穿越回去，代替你去向他們說聲感謝，只不過時光再也無法回轉，我能做的事情，就是達成他們對你的期待，眞正的接納自己，不再用家人朋友對你的愛來傷害他們。

比起交新的朋友，重視自己、並重視你已經有的朋友，才是最該努力的課題。

現在我也慢慢的喜歡自己了，可是當初寫給陳老師的卡片卻早已不見。但卡片遲早得給的，所以我好不容易受邀成為親子天下的年會講者的時候，我走上臺，對著來自全臺各地的老師，說出了當年我沒有對陳老師說的話。

你也一起看一看吧，這是我的講稿。

二〇二三年十月四日 OPEN 365 打開學習的N種方式

大坦誠：像我這樣長大的邊緣人

大家看到我應該會想說，天啊，哪裡來的死胖子，幹嘛來汙染我們的眼睛還有耳朵？眞心不騙，我也是這樣想的！

但我知道，由我來講這個邊緣人主題，眞的再合適不過了，因為一個又高又帥談吐又有內涵的帥哥來講眞的沒說服力，讓我這種長得一臉可悲樣的人來分享，眞的剛好。

今天的主題是打開教育的三百六十五種方式。要看出一個老師如何經營班上的關係，不一定要督學來或是舉辦一堆教學演示才看得出來，其實從一個老師在校外教學時如何對待邊緣人，就可以看出來他在班上的風格是怎樣的。有些老師把邊緣人的話當成耳邊風，那大概他的班就是有點不拘小節；有些老師像颱風一樣，總是呼呼呼的吹過來，讓人不敢搗亂；有些老師是素養風，常常用邊緣人來機會教育愛與付出之類的。

大家也知道校外教學的時候，邊緣人一直都是個註定悲劇的存在。他們在教室人緣已經夠不好了，大家一起在外面玩的時候人緣基本上會更差。把那些邊緣人塞到任何一組強迫融入的話，那些被塞入的小組會超生氣，然後邊緣人也會更加不開心，如果吵架的話老師還要處理到身心俱疲，所以我老實說，有太多邊緣人會把校外教學變成惡夢了，因為我以前就是這樣。

所以，我們班校外教學的時候，我都會用「校外教學特務員」的方式，把班上的邊緣人集中成一組、待在我旁邊，然後我會在小組自由活動時間跟他們一起行動，用他們被別人討厭的點去讓他們發揮專長。例如愛告狀的幫我注意前方的路況、愛發呆的幫我看風景、愛跳來跳去的人幫我想可愛的拍照動作之類的。所以我們班校外教學的時候，邊緣人都會非常的快樂。

也許有人會說，這樣的做法並沒有讓邊緣人融入大家。可是我自己試了好久好久，從小學一路試到變成小學老師，我覺得比起硬是融入大家，最重要的反而是相信自己就算因為某些原因融入不了大家，還是相信自己有優點，有可取之處，有一天一定會有願意接納你、看見你優點的人來陪你。

這些道理都是仁愛國小的陳老師教會我的。陳老師是我的社會老師，也是少數會耐心聽我講話的老師，所以我以前下課就會去找她聊天，我以前在學校人緣真的非常不好，你們想，一個長得醜又成績爛的過動兒放在路邊給人撿都沒人想撿，但我又想要成為班上人氣王，因為我真的真的好想被肯定，可是我又不知道我有哪裡可以被肯定，所以我就常常纏著陳老師教我變成一個人緣好的人，讓每個人都喜歡我，這樣每個人都會肯定我。

陳老師雖然會很耐心的聽我講話，但她從來沒有教我怎麼變成人人都愛的人。她只是一直提醒我，要先學會變成一個肯定自己的人，相信自己的優點，然後把好的一面呈現給大家，大家就會喜歡我了。但這一切，都要從「相信自己有優點」開始。

她會耐心讀我寫的每一篇小說，還會耐心看我畫的每一張圖，她會鼓勵我，但她就是不會叫其他人一定要接受我。

所以我到畢業的時候因為畫圖跟寫文章得了好多獎狀，我在其他老師口中不再只是過動兒，而是有才華的人，卻沒有變成人氣王。我很糟糕，我在畢業前夕生氣的跟她說，她每次都說我很棒，卻又不叫大家一起說我很棒，我是不是一個很差勁的人？她怎麼沒有把我變成人氣王。

我後來來不及跟她道歉就長大了。長大後我沒有變成人氣王，但因為陳老師，我試著相信自己雖然不是人氣王，卻是一個有優點的人。成長的一路上，我有好多好多一個人度過危機的時刻，我每發揮一次自己的才華、度過一個難關，就會更加相信陳老師說我是個有優點的小孩。

後來，我一個人離開教育圈，一個人出了書，一個人成為作家，然後又一個人回來教育圈當國小老師。我依然不是人氣王，但是我越來越相信自己，也幫助了越來越多人緣不好的小孩，所以我現在眞的過得很幸福。

現在，我想要在親子天下年會，以過動兒的身分、以國小老師的身分，告訴陳老師，謝謝妳，我終於明白妳對我說的話了，我也會繼續給更多像我這樣的邊緣人很多勇氣，讓他們也可以帶著勇氣順利長大。

也許我沒有辦法保證教育是立竿見影或是有投資、有報酬的東西，但像我這樣的邊緣人，可以很明白的跟各位老師說：這個世界上，一定會有一個被你幫助過的邊緣人小孩，因為你的關心還有在乎而好好長大。也許他們會達成夢想、找到眞的在乎他們的人，或是跟我現在一樣，長大之後去當國小老師。現在的我相信，幫助人緣不好的孩子沒有正確答案，但要讓邊緣人知道你的在乎。

最後，和大家分享我用來自我勉勵的一句話：風吹過，可能不會留下任何痕跡，但必能將某顆種子帶往遠方。謝謝各位老師的聆聽，祝福各位。

長大後的大坦誠敬上

肥委俱樂部
的成員們
成年後
僅存的
與
肥委俱樂部
的成員們
帥
帥
帥
帥
?
?
是我的軟體
沒更新嗎?
還是中毒了?
僅存的肥委本人(我)

國中篇

過動症的校園生活

七年級的信

「合理」做自己與嗡嗡嗡的白目警報

給大坦誠——

每次來到新班級，總覺得「這次一定會不一樣，我一定要交到許多新朋友」，而且剛開始大家都很友善，很多新同學說我「很幽默、感覺人很好」。可是時間久了，我會看到好多人的表情，又變得跟我國小時候的同學一樣，充滿了疏離感。像是現在十一月了，我又找不到人跟我同組了，大家對我的評論就是「白目」和「嘴巴很賤」。

雖然你可能會覺得這是我的錯，可是我也有委屈的地方呀！原本我很努力想要當個好人，我講出來的每一句話都會想過再講，會想著「這樣說大家會不會喜歡」，而且上課也努力控制不吵鬧，希望大家會願意跟我當朋友。可是可是……當我覺得和大家都是朋友時，又會忍不住開玩笑，一直想找他們聊天，再加上我們班有一個討人厭的女生，我明明沒幹嘛，她就在童軍課的時候欺負我。

那時候我本來跟她一組，結果那個女生幫同組每個人都設計了一個Logo，卻不設計我的。我很有禮貌的問她為什麼只漏掉我的，她說她在忙，但我很明顯的知道她想排擠我，因為她還會學我講話，還跟班上比較酷的人一起嘲笑我。有時候我努力想要跟她搭話，她還會假裝沒聽到，好像很享受別人追著她問的感覺。更糟糕的是，我問她「我有哪裡惹妳嗎？」她就會說「沒有啊！傻眼誒，你想怎樣」，真的很討厭！

所以我就決定要反擊！我把她從頭到腳批評了一遍，她委屈的哭了，結果班上想要討好她的人，又為了要讓她開心，所以搶先給我臉色看。明明不干他們的事，他們還罵我，當我回過神，自己已經把全班一大半的人都罵過一輪，然後我就想既然都這樣了那上課也別裝了，所以又回到和以前一樣，上課時不經大腦一直吵，沒人理我，我就更想吵，就這樣再度成為人緣不好的人。

明明在一開始時，我確實想要當個善良的人啊！怎麼會這樣？

我並不想跟她和好或是變成好朋友，我只是覺得很討厭，為什麼我的人緣會忽然變差？所以我想問的是：「要怎麼不要讓大家越認識我，對我的評價越來越低？」

唉！不瞞你說，最近和我一起回家的人，也慢慢不理我了。真討厭，明明一開始是他自己來找我的欸。為什麼每次我的人緣都開高走低呢？

七年級的大坦誠敬上

給七年級的大坦誠——

讀了你的信後才想起來，我以前最害怕開學了。因為我總覺得眞正的自己，不會有人喜歡，所以拚命往反方向偽裝，但你又不是什麼可以切換人格的特務或是可以徹底變身的小魔女，所以常常裝到一半後又露出本性。所以，我建議你從一開始就做自己，但並不是上課繼續講話或是開一些不合適的玩笑，而是要你「合理的」做自己。

先讓自己不要「被討厭」

你才十三歲，根本還不知道自己是怎樣的人，所以要做自己太難了。我建議你可以先從「不去想著把自己扮成別人」開始。畢竟你想扮成別人的原因不是你在崇拜誰，而是你常常不知道該做什麼才能討人喜歡，所以你找了一個人來「臨摹」。

可是臨摹的產物永遠不會被當成眞品。更何況有些人天生就討人喜歡，有些人則不，我想你應該是後者，那種天生的氣質是學不來的。

在「讓自己被喜歡」之前，你可以先努力「不要被討厭」。什麼時候會討厭人呢？除了「單純看誰誰誰不爽」外，一定是「誰誰誰惹到你」吧！同學開始討厭你，也是因為你做了某些事、開了某些玩笑，讓他們覺得不舒服。

因此你一開始的策略是對的，只是每句話、每個行為都想著「不要傷害到人、干擾到人」就好，尤其是上課的時候一直吵、一直吵，這樣想聽課（或是想安靜發呆）的人都會被干擾到，不想討厭你都很難，也難怪大家說你「白目」了。

我知道你一定很想大叫：「我又沒怎樣，幹嘛一直說我白目？」

事實上，「白目」就是不會看場合，不會看場合的原因，就是你想著「噢！我這樣做或這樣說，自己會很爽快，對方應該不會怎樣吧？」結果對方開始覺得「怎麼樣」了（比如生氣了、被冒犯了、甚至覺得受傷了），你才覺得莫名其妙。拜託！莫名其妙的是你，你才白目咧！

「己所不欲，勿施於人」已經無法拯救你了，因為你會告訴自己「噢！我也喜歡跟別人互相開玩笑耶！」可是又沒有人想跟你開玩笑，所以我要推出「拒絕被白目」的全新版說詞：到底要怎麼樣才能避免被說白目？你不要去賭「會不會讓人生氣」，而是轉為去想「該怎麼做別人絕對不會生氣」就好。雖然這樣可能會讓你變成濫好人，但你要先試看看怎樣不惹到人。

上面這些道理，是我在高中時領悟到的事。

那陣子我確實覺得一言一行都受到了限制、進退兩難，可是久了之後，就像騎腳踏車一樣，你會自然而然抓出一種「公式」，接下來你就會抓到訣竅了。因為其實你是很想和大家好好相處、表達善良的人，國三那年你還用自己的零用錢搭了一個小時的車去探望家裡突然變故請假的同學呢！所以後來大家並沒有眞的很討厭你，因為你常常伸出援手，只是「狗嘴裡吐不出象牙」罷了！

一切並沒有這麼難，你會覺得難以持續，是因為你給自己一個太偉大的目標。從最基本的開始做起，事情會慢慢變好的。

面對小動作多的人，更完善的應對方式是……

我還記得，後來這位女同學排擠我之後，她又去講別人的閒話，然後班上的人終於發現她會惡意排擠人，開始討厭她了。

你看！她一開始成功排擠你，卻還是承受了自己應得的報應。所以，如果當初更完善的處理這件事，你就不會被她排擠了，你人緣應該會比現在好上幾百倍。

怎麼說「不完善」呢？我認為當時的你不該「百般容忍」，忍不了後才「大力反擊」。

先說不要「百般容忍」，你應該明確跟她說你不喜歡這種行為，然後跟她保持距離，不要再想著靠近她，因為她已經盯上你了，她想要用排擠你來證明自己有話語權，所以卑微的接近她只會讓你自討苦吃，而且故意不畫你的Logo、學你講話，本來就是她的錯啊！

當時你沒做錯事，卻還是可憐兮兮的問她「可以不要這樣嗎？」，而她聽了只是更瞧不起你甚至更加得意，所以你心底更加委屈。

再來是「大力反擊」，容忍多次後她的小動作還是越來越多，你終於忍不下去時，雖然你沒有打她，但你還是用你那超級犀利的言詞，把她跟她周圍的護花使者全部噴了一頓，有幾個還受傷到眼眶泛紅，而你也成功的讓自己從「被害者」變成「加害者」，變成了有錯的那一位。

現在我寫的小說以及我成長的經驗，都有許多「大復仇」的方式。但我和書中的角色在「大復仇」的時候，已經知道要如何處理後續、如何保護自己，而這時候的你還不知道。所以先不要輕舉妄動，讓自己憋了一肚子苦水卻還要跟人鞠躬道歉。

我建議：面對這種愛挑釁、小動作多的人，你該做的不是「攻擊支持對方的人」，而是去「接近同樣看不慣這件事的人」，讓他們和你結伴同行。

當然，你們這些人也不用像她的護花使者一樣主動攻擊人，你們只需要一起討論怎麼保護自己就好。因為做出這種壞事的人，自然會有自己的報應，而那些護花使者最終也會知道自己支持的人是錯的。

如果有人眞的傷害到你的身體跟安全，一定要告訴師長和父母。

總而言之，受到欺負不要急著反擊、也不要什麼事都不敢做，而是要思考有哪些人可以幫助和保護自己。

想要留住友情，我想跟你說……

再來我想跟你談談，如何維繫友誼。首先，不要好高騖遠，也不要畫地自限。

剛開學的時候，我們總是可以跟旁邊的朋友輕易的打好關係。但是，交友最忌諱的事情就是你跟旁邊的人打好關係後，就貪心的想要擠過去跟那些人緣很好的人混熟，這樣你旁邊的人剛開始就被你落下，哪可能還會把你當成好朋友？

而且依照你的個性，你每次都會被那些人緣好的「退貨」，被拋下後，又爬回去找之前被丟下的朋友時，對方當然不會接受你，這就是「最近和你一起回家的人，也慢慢不理你了」的原因。你明明在開學時因為跟這位朋友都一起走路混熟了，結果開學幾周後，童軍課分組你丟下他，跑去跟那些人緣好的人一組。我知道你不是故意的，但老實講這樣蠻討人厭的。不過請你放心，後來我都沒有為了什麼很酷的人拋棄朋友過。

對了，我也不是叫你堅持跟一開始交到的好朋友一路好到畢業，畢竟每個人都有交不同朋友的自由，不一定要黏在一起。可是，如果你想要人緣好，除非對方會傷害你，不然就不要為了跟別人好而拋下原本的朋友。

所以，面對自己一開始交到的朋友，要好好對待，不要喜新厭舊；再來，面對一開始出現的敵人，不要先單獨殺敵、也不要傻傻的說要跟對方化敵為友，結果更被輕看。記得，先找有沒有戰友可以互助和保護彼此。

最後，你最想知道「人緣不要越來越差」的秘訣，就是「不要去傷害人、干擾別人」。你可能覺得有些同學就算很霸道也很受歡迎，但那是他們天生就有個人魅力，我們沒有個人魅力沒關係，不要連自己該有的幸福都丟掉就好。

如果能做到這些，你會發現你和你周遭的人都越來越可愛。

祝你懂得分辨好人跟壞人。

最近才跟國中同學聊天以及彼此祝福的大坦誠敬上

大坦誠國小國中時代的大腦內部示意圖。

八年級的信

酷男應對守則

給大坦誠——

升上國二之後，我才發現人生有很多「不得不」的事情，例如夏天可以吃冰但很熱，還有國中生一定要學理化，以及好吃的東西熱量都很高。還有我最近覺得：為什麼每次來到一個新團體裡面，我們這種邊緣人都要因為酷哥酷妹而提心吊膽呢？當然，有一部分原因是酷哥酷妹可能會欺負人，但我覺得酷哥酷妹如果對我示好，我也很痛苦。

乍聽之下我好像是那種日本動漫裡面縮在角落不改變自己、整天怨天尤人，然後跑去找反派交換黑魔法捅那些美美帥帥主角一刀的惹人厭死豬（雖然某些層面上我就是這種死豬），人家都跟我示好了，我還在那邊吵什麼？

但我害怕酷哥酷妹和我示好的原因，就是這種酷哥酷妹一開始會以為我是那種很幽默機伶的小胖弟，或是很溫和博學的小圓球，但交談過後他們會發現，其實我是一灘餿掉的豬油，然後他們不是對我失望就是想著要欺負我，我眞想說：「與其對我失望，不如一開始就直接忽略我嘛！」

現在是寒假，我報名了一個冬令營。冬令營集合了各個學校的同齡人，一切新的人事物都讓人覺得舒暢，好像脫離了人緣很差的環境，得到命運賜予的第二次機會。但我已經十四歲了，身為資深邊緣人，我知道這只是「人際蜜月期」，大家都認識我後就會唾棄我，而我無能為力。

之前的夏令營有一群酷哥（眞該死，一個就夠了，還給我來一群）跟我搭話，我完全不知道該怎麼辦，我就只好板著一張臉，每個問題都只回答兩個字。結果你知道嗎，他們超愛沉默寡言男！我不知道男生為什麼都愛跟寡言男交朋友，到底為什麼？還是你們乾脆去找一顆石頭當朋友？結果我在夏令營超受他們歡迎，他們每個人都對我超好，結果我還以為他們把我當朋友了，我就打開心房、開始多話起來，然後他們就覺得「啊……你太多話了……」然後我就被他們疏遠了。

雖然很難過，但我其實不會很討厭他們，因為我覺得某方面來說他們也是受害者，沒有想過原先開心接納的沉默寡言男，竟是一個吵死人的死胖子，所以我有點愧疚。

但除了愧疚外，我還是有得到一點收穫。就是透過我獨創的「交際力學公式」：他們會先接近我，然後他們了解我，最後他們唾棄我，因為我超爛。

總之呢，這次冬令營，我旁邊那個穿著我看不懂的高筒籃球鞋的酷哥又再跟我講話了。他問我有沒有看雷霸龍·詹姆士（Lebron James）的精采表現？我想直接跟他說「我是美人魚變成的，我不敢看西方人的球賽，要是他們通知安徒生把我抓回海裡，我就白來亞洲了」，不知道他會不會做噩夢？隨便啦！

隨便！

所以親愛的大坦誠，你應該已經度過人生的第二個十四年了，能不能告訴度過第一個十四年的我，身為一個不酷的人，該怎麼跟那些酷的人溝通才不會顯得笨拙？謝謝。

八年級的大坦誠敬上

給八年級的大坦誠——

你現在還不是最醜的時候，你醜的時刻還多著呢！所以先別說自己是餿掉的豬油。要說餿，我現在比你餿多了。可是我又想，撇除我們長得似乎好欺負之外，別人會想跟我們搭話，說不定是我們看起來很好相處，所以別人才跟我們搭話喔！這樣想，不知道你會不會比較開心？

我明白你對於「酷哥酷妹或其他人來搭話」時的不安，而且我們都知道，冬令營頂多只是人生中的一個坎，而我們的終極不安，就是「當兵」！有多少親戚長輩大人對我說過「你再這樣下去，當兵一定會被欺負」啊！

我要當兵前夕，不只為了即將到來的操勞行程緊張，我還很害怕跟那些酷男孩相處。我超怕被欺負的，因為一如你所說，從國二開始，我就知道自己跟酷男孩不是交惡就是交戰。軍隊裡一大堆男生，如果裡面十個人中有九個人都是酷哥，剩下那一個就是不酷的我，我要怎麼辦啊？

好在當兵的時候，可以發呆的時間眞的很長。我在這段發呆漩渦中，努力回想起我從小到大跟那群酷男相處的慘痛經驗，終於如履薄冰的走過我的當兵生活。

以下是我的酷男應對守則，相信你看完會有收穫喔！

酷男應對守則——第一步：

可以配合，不要迎合

不要透露出「天啊！我遜得要命，我要趕快抓住你們、融入你們」的樣子。不會聊，就別硬聊！

不能露出「啊！終於有人跟我講話了」或是「噢，像你這麼酷的人來找我，我要恭迎你到來」的模樣，你就很正常、很有自信、語氣不要顫抖的跟他說話就好。總而言之，不被酷哥欺負的方式，就是別跟他們當朋友！

酷男應對守則——第二步：

別當朋友但也別當仇人

用「我暗示我不酷＋我不酷但我不需要為此道歉＋你蠻酷的很好啊」來暗

示酷哥：「你很好，我也很好，但我們不適合當朋友也不適合當敵人。就這樣吧！酷咖掰掰！」

當跟對方談話談到一半，對方開始問你有沒有做過哪些酷事情的話，拜託，就算沒做過那些酷事，也不必立刻大聲說「抱歉，我超遜！對不起！」這樣別人不想覺得你很遜都難。

在軍營的第一天，我床位旁邊的阿兵哥是個酷到爆炸的人。當兵的第一個午休，大家都在跟旁邊的人聊天，我和那位酷哥也不例外。酷哥問我「你會不會帶女友出國？」、「你有沒有玩股票？」、「你有沒有去夜店？」、「你有沒有創業？」、「你有沒有看籃球？」、「你有沒有聽哪個饒舌歌手的歌？」

我知道他不是想要糗我，因為酷人的世界就只有這些酷東西，可是我的世界有什麼？我喜歡看霹靂布袋戲，還有看韓國女團選秀節目，以及吃美食跟聽惡搞版的翻唱歌。他說的東西我都沒聽過或是做不到，我覺得跟他說「蛤？我全都沒聽過耶」會顯得我很遜、生活沒樂趣，所以我告訴他：「我接觸的東西跟你不一樣，我都在看布袋戲，然後閒暇時間寫作，因為我要出書了。」

是的！跟那些酷男酷女交戰多年，我認為最好的方式，就是在表達沒接觸過他們的酷事的時候，講一個「冷門的興趣」再加上「自己最說得出口的才華（或是自己工作的優點）」。

有些人很好的酷哥會就此打住，因為他嗅到你「不酷」的氣息，但他不會傷害你，這時候你就可以趁機結束話題了。

但如果是喜歡命令人或瞧不起人的酷哥，通常會說個幾句貶低你的才華。記住！這時候！絕對！不能！露出！受傷的表情！例如：軍營裡面另一個比較跩的酷哥聽到我是作家，就問我說「蛤？那這個賺錢嗎？」

要是以前的我，一定會很心虛，然後他就進一步說出「那你怎麼這麼笨啊」、「你怎麼這麼胖」之類的評價，然後接下來我就會乖乖的任他宰割，接著就被欺負了！

現在我會跟你說，面對「我要欺負你囉！」的酷哥攻擊，我們要堅定且若無其事。雖然當作家眞的沒辦法賺錢，但我那時候回「我們版稅抽很多啊，還是你知道那是怎麼運作的？」接著酷哥優越感更上一層，他說：「像我賣股票、自己創業，更賺！」雖然我知道可能更賺，但我並沒有要迎合他，我就說「喔喔，這樣啊。」然後酷哥說什麼，我就漫不經心的敷衍他，然後問他「那你現在有幾棟房子？」通常這種跩酷哥會啞口無言。如果他眞的有房子，你就拿更高的條件去問他，問到他沒有為止，然後你就安全過關了。

可是千萬不要跟他吵起來，因為我們的目的只是讓他們對我這種不酷的人沒興趣。當然，他們是不可能對我們這種人有興趣的，所以當他們即將有禮貌的遠離我們時，就可以來到非常圓滿的收尾環節了。

當他們對我沒敵意也沒興趣，即將閃人的時候，我都會說「我覺得你蠻厲害的欸，下次再請教你，以後說不定我會採訪你啊，保持聯絡。」如此一來，我們就可以在友善的情境下，和這種酷哥客客氣氣的不當朋友也不當仇人，然後你就可以放心去找其他沒有這麼酷的人當朋友了。

酷男應對守則——第三步：問對方感興趣的事，然後讓他侃侃而談

但是，若我們不想跟酷哥有瓜葛，酷哥還是一直來找你聊天，怎麼辦呢？

此時就要問對方最得意的地方，讓他侃侃而談，但不要阿諛奉承，這樣對方會看扁你或是厭煩。你就不卑不亢的一直問一些他可以再講多一點的問題就好。

為什麼要這樣？很簡單，因為這樣你就不用想話題了，給他講就好啦！人講到自己有興趣的事情，都會侃侃而談。

那時候晚上站哨，我跟一個比我酷的人一起站，我好像問他的什麼樂團夢之類的，他講了好一陣子他自組樂團的事情，我覺得蠻有趣的，也很安心，因為我終於不用尷尬的跟他硬是找話題聊了。

酷男應對守則——第四步：

遇到白目的人，就算不咬回去，也要吠幾聲！

對了，在團體裡面，一定會有比較賤的人先對你挑釁。如果對方看起來隨時都可以殺掉你，你就嚴肅的跟他說「這樣會有法律責任」然後光速逃開。如果對方只是那種在團體裡面很會拉關係、喜歡用開玩笑方式惡整你的，我建議直接吼過去，告訴他，你不喜歡。

像是我在當兵的時候，跟其他幾個寢室長一起巡房間，其中一個自稱美國ABC（其實他好像只去了三個月）的寢室長一直拿我的體型開玩笑。我觀察他的人際狀況，應該不是那種敢砍敢殺的人，只是比較囂張而已，所以那時候每個寢室長都要輪流拖地，結果輪到他時，他卻直接把拖把往我這邊用力丟，叫我幫他拖，我當下直接吼了他一頓，然後板著臉不理他——接著，他就不敢囂張了！

我不是叫你要攻擊人，我只是想說，面對這種酷哥無緣無故的挑釁，不要一副又驚又怕的模樣，他們只不過是比較酷而已，不代表他們可以踐踏你。

酷男應對守則——第五步：
遇到故意忽略你的人，別討好他！

我們當兵時，有位遜到不行、長得像海綿寶寶卻沒海綿寶寶可愛的遜咖，每次大家圍在一起聊天，就只會回應那些酷的人，對我們這些胖的、矮的、笨的、醜的人一概不理。我以前都會覺得：「啊，這種人明明也不酷，我要努力示好，化敵為友」，但現在我改變想法了。

這種人啊，自己遜到爆卻滿腦子都是酷酷酷酷，只要我們不理他，到最後無論是酷的人、遜的人都不會理他，而他就是團體裡面最可悲的人。

酷男應對守則——第六步：勤能補拙，朝著「變酷之外的方向」努力！

在當兵的日子裡，我還是有交到酷朋友的。

我以前也裝酷過，學別人講籃球、講饒舌、講滑板，結果到最後落得被揭穿、被取笑的下場。所以如果你想要人緣好，就不要硬是裝酷，你要變得「無可取代」，讓對方覺得你是值得接近的人。

「你要偶爾伸出援手，但你不能每次都幫大家，因為你會被當成僕人；你要在不耗損自己的情況下，和大家分享你所擁有的資源。」這就是我在當兵時總結的交友心得。

我偶爾會看準時機，幫助身旁的鄰兵，讓他們覺得我是好人；但當他們提出無理要求時，我會明確拒絕。此外，我常常帶一些圖書館的小說借我的鄰兵看，他們聽到是作家推薦的書，都躍躍欲試。不過，我推薦的小說確實非常不錯，順手借的書能夠讓大家熬過枯燥的當兵時光，何樂而不為？

至於「無可取代」是什麼意思呢？那時候，有兩個很會修水電的阿兵哥被叫去幫忙修東西，大家都投以欽佩的目光，我就想，我能否用我的才華讓大家尊敬我？

思前想後，我發現每個阿兵哥都要寫的「大兵日記」是個切入點。我那時候把大兵日記寫成小說，還給每個阿兵哥朋友寫那種小說一樣的人物介紹，跟我好的我寫成英雄，跟我不好的我連提都不提。大家都覺得很新奇、也很期待自己在小說裡的樣子，所以都輪番想借我的大兵日記去看。

後來，我還在大兵日記裡畫漫畫，又用自己做周邊商品的能力，印了獨一無二的明信片（對了，要小心，不要透露軍中不能說出去的資訊喔！）有一半的人都變成我的讀者，還有幾個很酷的人在退伍前寫了卡片給我。

還有，可別以為我一直不停寫寫寫，該打靶、該打掃、該活動的時候，我都還是有配合跟上，寫大兵日記都是空閒、休息、發呆時做的。如果為了展現才華而不配合團體行程、拖累大家，會被更多人討厭！所以「不影響團體利益和行程」是最大的前提！

退伍時，我旁邊的酷哥還很善良的幫我扛行李，我也很意外的和他們在退伍後有了一次聚餐。看著聚餐的照片，我還有點不敢相信，因為和軍中弟兄聚餐吃合菜這種事，根本不是我這種邊緣人能想像的啊！總而言之，我的「當兵酷哥危機」就這樣畫下圓滿句點。

最重要的：保持一顆希望與人為善的心

退伍那天的天氣並不好，天空昏暗還飄著細雨，細雨中的楓葉卻金黃燦爛，一如我成功退伍的心情。我在軍營門口笑著和我的朋友說珍重再見。和我互相道別的朋友有酷的、也有跟我一樣不酷的，但那一刻酷與不酷都已經不重要了，因為我是眞心和他們當朋友的，不是為了利用誰、也不是為了要讓自己的人緣很好，我只是覺得相逢即是有緣，希望自己可以成為別人緣分裡面的好人。

其實說了這麼多，我覺得身為邊緣人要和酷哥相處，除了要靠智慧，也要靠眞心。可是眞心要用智慧表達出來，別人才能接受，因此身為邊緣人，要注意的事項還是很多的！

附錄：怎麼跟酷女生相處

我覺得跟女生相處比較簡單，畢竟男女有別，男生比較不常跟女生待在一起。但我從小到大遇過許多喜歡欺負人、按照別人外表評論人的酷太妹。我的經驗是別去攻擊她們，但也別可憐兮兮的跟她示好。

身為男生，我們就紳士一點，盡量避免跟她們接觸。如果她們欺負你，記得嚴正告訴她「不喜歡這樣」；如果她們眞的很壞、對旁人充滿惡意，一定會有看不下去的人去警告她們，而且通常都是好幾個。

可是也不用太緊張，我身旁有好幾個摯友，都是當初對我擺臭臉的酷太妹。所以如果你不要跟她們有接觸、專心做好自己的事，她們久而久之就會發現你的優點，願意去理解你喔。

PS：給陷入酷哥危機的八年級大坦誠

雖然除了當兵，我還遇過很多人際方面的難關和戰爭，但我認為當兵是你最緊張的，所以我想讓你安心一點。只不過這個世界比我們想像得還要大很多，長大後我們還會遇到很多人事物，也許你的古怪並不是爛，只不過還沒遇到欣賞你的那群人而已。

總歸一句，要好好長大，才有機會遇見接納你、不覺得你爛的人。

說不定在他們眼裡，你也是個酷哥喔！

其實眞的覺得當美人魚不錯，因為感覺每天游泳會變瘦的大坦誠敬上

預想災情
分析類型
酷人搭話
選用行動
外在表現
內心
警告!我可能會被當成好使喚的胖跟班!
警告!我可能會被當成好欺負的肥呆男!
噫噫噫噫噫 完了對方是酷男 饒舌斜眼男! 自信鬆馳男!
採取「面不改色」! 採取「不表現自卑」! 採取「不下意識羨慕」!
① 欸,你是哪裡人?
② 我是臺北來的,那你咧?

還把日記當專欄連載!
而且啊,當時我還畫了退伍紀念明信片、做了當兵畢業紀念冊,頗受歡迎,用創意交朋友!
無論是不是酷男,男生一談到當兵,都很囉嗦耶!
大坦誠當兵生存記

九年級的信

現在是個過動症世界

給大坦誠——

完了，我考不上高中了！你現在高中讀哪裡？

昨晚在家，我剛準備好要拿書來讀，又發現自己一個字也讀不下去，就沉沉的睡著了。突然驚醒之後，我抄了幾頁課文，終於把課文內容讀進腦子裡，可是想到自己要靠抄課文來讀書就覺得很害怕，這樣是不是很笨？

我不知道要怎麼讀書，就只會抄課文。每次媽媽都說我很笨，整天只會抄課文跟浪費時間做筆記，但我沒辦法啊，我沒辦法坐下來盯著書看，無論我怎麼努力，還是沒有辦法把那些內容讀進去。早睡、不要吃含糖食物、用什麼番茄鐘還有間歇性休息法我都試過了，就是沒辦法！我的腦袋裡就像塞滿了可樂加曼陀珠的抽屜，高熱量低智商，我什麼都辦不到，上課的時候也沒辦法集中精神。

其實自己也知道，這是過動症。但我不想承認，感覺過動症很像白癡，但聽說長大後就會好了。

所以長大後，你的過動症好了嗎？

我曾經偷偷看過動症的書，很多書的結局就是：「長大後，過動症就好了」。原本我覺得過動症就像是在等公車，時間到了、長大了，正常人的公車就會把我接走，我就能遠離過動症站牌。可是後來，我又覺得這根本不像等公車，反而像是一群野狗追著騎腳踏車的我，我越逃，牠們越追。

我第一次逃避過動症，是在圖書館津津有味看課外書的時候，在某一本繪本看到了「過動症ＡＤＨＤ」的故事。上面的小主角「無法控制住自己，沒辦法專心上課、沒辦法好好坐下來寫作業，也沒辦法控制自己的情緒，把自己想說的話好好說出來……」看到這裡時，我很開心的想著「跟我一樣耶」，然後迫不及待翻到後面去，卻看到小主角去看醫生了，我嚇得立刻闔上書本。

爸媽還有親戚常說「去醫院看過動症的話，會被當成神經病關起來，一輩子都看不到爸爸媽媽了！」所以老師把我安排去輔導室進行小團輔的時候，我放聲大哭，死都不進去輔導室。我大喊「我不是智障！我不是神經病！我不是智障！我不是神經病！輔導室智障才去！輔導室智障才去！」

可是我又很羨慕書裡面的小主角以及去玩小團輔的同學，羨慕他們臉上的笑容。我總會大聲告訴自己和別人「我沒有過動症，你看我這麼肥，根本動不起來；而且我很愛看書，智障過動症才不會看書！」但我沒說的事情是：每當自己想要好好專心聽課、想用心寫評量的時候，總覺得腦袋裡面有上萬種其他念頭正在擠壓我的視線，總覺得要大聲說話、找些更有趣的方式，來讓一個個念頭暫時不要狂暴著衝擊我的大腦。

於是，悲劇開始了——我上課會不由自主站起來，如果我安靜就是我在偷做其他事，如果我吵那就是全班會被我干擾到無法專心。我的東西總是會不見，寫考卷總是會漏題，書桌就像被鬼入侵一樣，明明努力整理好了，下一秒又弄得全亂了。

但是我也想跟你說一件開心的事。最近唯一發生的好事是：「我跟班上同學算是和好了！」

我現在國三了，雖然因為總是控制不住情緒，常跟同學吵架，但快要畢業了，我發現自己其實沒有這麼討厭同學，所以很努力的跟每一位同學和好，還寫了長長的道歉信給他們。其實我們班真的有很多好人，幾乎一半以上的人都寫了很溫暖的回信給我，有人還說我平常都有幫忙教室布置，還有關心同學，雖然我的爛嘴巴真的很壞，有時候還很吵，但他們還是祝福我上高中後可以開開心心。

我真的好感動哦！

所以後來班導問我高中要考哪裡時，我忍不住告訴班導「我和同學和好了。」嚴肅的班導聽了，露出少見的笑容「嗯」了一聲，緊接著，他問我的免試成績回條有沒有帶？我驚覺自己不知道丟到哪去了，班導的眼神瞬間變得銳利，我以為他跟以前一樣，會對我破口大罵。沒想到他只是叫我不要再忘東忘西，要專心在重要的事情上。

講到「專心」，我的心一沉，我知道，他一定又要我去看醫生治療過動症了。

果不其然，班導又問我：「那你看醫生了沒有？」

「媽媽說不用看醫生，我也覺得不用看醫生。」我努力的挺起胸膛告訴他。畢竟看醫生很丟臉耶！

我以為班導又會長篇大論，但他只是沒什麼表情的對我說：「好的，好。也要高中了，自己處理。」我回答「謝謝老師」，但他又補了一句：「有一天，你遲早要處理這件事的。回去吧！」

為什麼我遲早要處理這件事呢？怎麼處理？為什麼班導不罵我？

上班導課時，想著這個問題，我發了整堂課的呆，接著，我的心思又不小心飄到別的地方去了。那堂課班導應該有看到我在發呆，卻沒有罵我，我就這樣一路發呆到中午。我回過神的時候，已經在用紙摺星星……啊！該死，我都沒把班導檢討英文考卷的內容聽進去，這樣回家怎麼辦？

總之快要畢業了，我有點害怕，怕這樣下去會念到爛高中；又有點開心，因為我和班上同學在畢業前和好了。可是我又覺得很疑惑：班導說要處理，我要怎麼處理？又沒有人可以逼我看醫生，而且長大之後過動症就會變好了，不是嗎？

所以親愛的大坦誠，我長大後過動症有變好嗎？你上了高中、大學之後，老師還會要你「處理」過動症嗎？

九年級的大坦誠敬上

給九年級的大坦誠——

寫這封信給你時，我覺得很矛盾，既覺得沒必要，又覺得有需要；既覺得該警告你，又覺得一切並沒有這麼糟。

該從哪裡說起呢？我先說這個社會怎麼看我們好了！

過動症時代來臨

這個社會上，有過動症的人越來越多。我不是醫生，我只能用病友的身分來談這件事。在這個時代專注力越來越難凝聚，我國中時的「部落客」會受歡迎，是因為他們的無名小站文章很暢銷。沒錯，每個人都要寫「文章」。但現在我已經二十七歲了，要在網路上出名，必須要拍一部十五秒內就能讓你凝聚專注力，而且不超過一分鐘的影片。以前你要花三十分鐘專注看一篇文章，現在什麼都科技化、機械化、影片化，而且還有許多「幾分鐘內讓你搞懂一小時的電影」系列的影片。你會發現，專注力在這個社會只要維持兩分鐘就好。所以，過動症越來越多了。

一個好消息跟一個壞消息

當年因為過動症的人少，所以大家不敢看醫生，因為大家想著：「只有我這樣，看醫生好丟臉哦！」

可是現在無法專注的人更多了，大家卻更不想看醫生。因為大家想著：「又不是只有我這樣，那我幹嘛特別看醫生，其他人都沒有耶？」

與一些天性活潑、個性討喜，並且在家庭中得到無限寵愛的過動兒相比，他們常常能夠享有較多的自由，而這種自由有時可能讓他們在學校裡行為較為放縱。某些人可能基於對過動症的理解或同情，會以積極正面的語言來形容這些孩子，說他們「充滿探索精神」、「擁有無窮生命力」，甚至將他們的行為解讀為純粹的玩笑或富有創造性的表現。然而，這樣的支持如果過於片面，可能導致學校或老師難以適時介入，進一步引導他們學會責任感與社交規範。

但如果你有過動，同時擁有「長得超級爆炸難看」、「天生惹人厭」還有「自卑」的「小魔法特質」，就會變成像我這樣「沒辦法拿過動症當藉口」的人。

為什麼沒辦法當成藉口？

因為別人聽到我們這種又醜又笨的死小孩有過動症的時候，不會說「喔喔！我們要溫柔、要革命！我們要擁抱一切珍愛獨特！」他們只會對我們的父母說「哈哈！好噁，你的小孩前額葉爛掉」，然後繼續歧視我們。

這就是為什麼我們吃不到什麼「過動症紅利」的原因。

我們可能會以為，過動症長大就會好了，但我們這種沒人喜歡的過動兒長大後，還是會永遠停留在「得過動症沒什麼！但我現在還不會跟自己相處！我不知道怎麼跟世界磨合！」的階段。

啊，說到這裡，給你一個好消息跟一個壞消息。

壞消息是，長大之後我的過動症並沒有消失無蹤，也沒有因為大家知道我有過動症，而原諒我所做的一切事，我依然常常覺得很煩很困擾。

好消息是，我好好的活下來了。我吃了很多炸雞漢堡、可樂甜食把小時候不能吃的通通都吃，然後變成一個網路作家。

但這個網路作家又胖又醜，我並沒有成為「因為過動而展現美好人生的代表」，有一大堆知道我的家長還有老師都覺得我很低能，我沒有什麼人氣作家的才華，只能在網路上寫一大堆「被討厭該怎麼辦」的生存守則，因為我一天到晚大家都在被討厭，所以這個題材我天天都有靈感。

我會紅，也許只是大家想看這種愛搞砸自己的人是怎麼活下來的。

你可能會覺得這樣很可憐，但我認為，這樣是好事。我沒有騙你、也沒有說反話，因為我也想好好的看看自己，到底是怎麼活下來的？

只要我活下來，而且得到幸福，那不就證明我不用把過動症當成自己做爛事的藉口，或假裝自己是天才也可以好好的過生活，不是嗎？

親愛的孩子，我知道，你一直都在羨慕被人捧在手心上的過動兒，因為他們眞的好輕鬆好快樂。可你也知道自己永遠不會想要成為他們，你害怕自己變成明明很笨還硬要大聲宣告自己是天才的笨蛋，也怕自己變成被父母師長寵壞的蠢貨。

所以我只想告訴你，我眞的、眞的很幸運。

因為我的過動症沒有美好糖衣、也無法掩蓋缺點，所以我才有機會得到「面對過動症」的勇氣。

面對，從不逃避開始

面對的勇氣如何而來？

勇氣是從不逃避開始。

你說你逃避過過動症，但我決定不逃避的時候，我受了更多的傷。

你問我高中讀哪？很遺憾地告訴你：「你真的用普普通通的成績，考上一間你覺得不上不下的高中。」

這間高中分數確實不高，客觀來說也並不爛，但我這種沒有朋友卻只會吃喝玩樂、在意成績，結果成績爛得徹底，那麼這間沒有很爛的學校，就會因為有我這種爛學生而顯得爛到不行。高中開學第一週，我發現我還是沒辦法專心上課，於是我發現爛的人是我，我的爛人生就是爛到不行的我親手打造的爛地獄，我的爛地獄就從被我親手搗爛的高中校園生活開始。

那時候我唯一的優點就是我有自知之明。在看過我們學校好幾個特教生被霸凌到鬧自殺後，我非常清楚的明白，自己永遠不會是那種沒讀書、欺負人，又可以吃香喝辣的酷帥男生；而且也明白，我的特教生過動兒的可憐低賤身分被發現的話，下一個被丟廚餘、被砸桌子、被偷拍上傳供大家取笑，結果在羞愧之中鬧自殺的人就是我。

所以我想殺死我身體裡的那個過動兒，避免他害我被殺掉。

高一的時候我沒在讀書，我拚命的學習怎麼樣忍住不說話，還有迎合大家。我終於沒再被全班討厭，我的人緣終於爬升到「不上不下」剛好的中間位置。但我深知我的另一個危機：「我該讀書，才能用我的分數脫離這群人」。

於是，我的下一個目標，就是考上我們學校那群會霸凌特教生的流氓考不上的國立大學。

所以我的苦讀生涯就這樣開始了。

但我根本無法好好的看完歷史、公民、地理課本，同學說用看的就可以背起來，可是我沒辦法，我沒有辦法凝聚專注度，所以我就只能把大家要看的東西一遍又一遍的抄下來，然後數學公式解一解我也會分神，所以我把不會的算式都轉翻譯成中文寫在筆記本上。為什麼我可以想出這麼可悲的方法，就是因為小時候我的過動症還有爛個性常常讓我被罰抄課文，抄一抄就背起來了，所以我以為這個世界的所有事都是這樣。雖然身旁的大人全部都指著我尖叫道「你要抄課文抄到第幾輩子」，但我怎麼知道我會活到第幾輩子，我這輩子都快要被我搞砸了！

抄啊抄的，我的成績更好了，要進步卻越來越難了。

你還記得我的「殺死過動兒」目標嗎？所以我開始花更多的時間讀書，但這時候我身體裡面的過動兒就會受不了、想要讓我分心，可是我早有對策，只要我想分心，我就傷害自己。

在數學補習班聽課聽到想睡覺，我就把萬精油抹進眼睛裡，逼自己清醒；暑假好想出去玩，但沒辦法，我要做學測考古題，所以我就用繩子把自己綁在書桌前的椅子上。我最愛用的方式就是拿美工刀傷害自己的身體，只要比我預期的低一分，我就去廁所做這件事。我其實很怕痛，小時候跌倒破皮都要哭很久，所以我發現拿美工刀傷害自己是殺死過動兒的好方法。所以我就開始這麼做，變胖時做、講錯話也做、太放鬆也做、被霸凌也做、心情很差也做……。隨著我越變越像正常人，我也越來越常傷害自己，我總覺得，做著做著，我會用美工刀在我身上雕塑出一個理想中的我，一個和過動症沾不上邊的我。

這就是我面對過動症的方式——錯誤的方式。

後來，我以不錯的成績、標準的體重，考上我理想中的臺北教育大學，還當上了校內的親善大使和學生議會議長。

當我覺得我與「正常人」無異時，我發現自己體內的可悲白癡過動兒正在吞噬著我。我的手已經被弄得殘破不堪，醜陋的疤痕顯得我非常不正常。還有一些更加繁重的會議以及更需要專注度的教學實習，尤其是去夏令營當實習老師時要開很長很久的會，都讓我幾乎沒有辦法負荷。

我終於明白，再繼續這樣下去，不是辦法；但不這麼做，我就別妄想當正常人了。

我的過動症，永遠好不起來。

於是那時候，我開始頻繁有了自殺的念頭——我已經盡全力甩掉過動症了，為什麼我仍然因它而痛苦？

那我就要這樣活著一輩子嗎？

勇氣，從面對而來

當然，我獲得「過動症好不起來也能活下來」的勇氣，所以現在還好好的。說起來非常的「政治正確」，身為過動兒的勇氣，是妥瑞氏症的病患給我的。

那個人叫做儒美。

儒美是我大學時期的「摯友加閨密加姐妹」，她是一個品學兼優、文武雙全、長相甜美的女生。儒美在我人緣最差的時候和我當朋友，從那之後我就非常的尊敬她。總之，儒美有一次在系上演講課的時候，說她自己小時候有妥瑞氏症，那時候我超級無敵驚訝，因為儒美完全看不出來有任何妥瑞氏症的病徵，而且她大方的承認她很小的時候就去看醫生了，然後鼓勵大家多多了解妥瑞氏症。

一直以來，我都覺得因為過動症看醫生會被說是精神病，但儒美居然如此坦然，讓我非常訝異。我說過，儒美做什麼事都值得學習，再加上她說：「如果你不去處理，你以後怎麼處理學生？」

就這樣，我跑去看醫生了。

在這之前，過動症的症狀總是讓我覺得腦袋像是近視一樣，一切都非常的煩躁而且混亂，得到醫療的幫助後，我覺得整個世界都再度是我的。一切都是如此清晰且嶄新，我終於知道什麼是「讀書」，什麼是「專心」，我覺得自己好像學會了一種新語言，可以知道能夠專心做一件事有多辛苦卻又多美妙。

我會去看醫生，除了希望自己去看完醫生後，說不定能跟儒美一樣厲害之外，也希望自己以後可以好好的教那些有過動症的小孩。我想去請教醫生要怎麼面對過動症，畢竟我不能教小朋友用自殘自傷來抑制過動症，你說是吧？

所以，我的過動症還是沒好。可是我藉著醫療以及心理的協助，理解到一件事情：「避免被過動症吞噬掉的方法，就是好好正視它」。

我會藉著製作清單、加速效率，以及和夥伴相互合作，來讓專心的作用發揮到最大。這幾年，我考了幾場重要的國家考試，還成功出了兩本書，也寫了數十篇專欄。這些成果不是我把過動症甩掉後才完成的，而是我接受它甩不掉後，才有辦法做到的。

當然，我班上也有一些過動症的小朋友。我實在無法跟你交待我有沒有成功讓他們去治療過動症，因為孩子的過動症要治療，不只要靠老師，還要靠家長、醫生的配合。

我只能告訴你，我真的很用心在看他們，因為他們的身上，有你的影子。

你曾吃過的苦、有過的疑惑，都教會了我保護他們的方法。

我沒有教他們拿過動症當成「我可以盡情不負責任做爛事」的藉口。

身為「沒有資格拿過動症當藉口的過動兒」，我很驕傲，因為沒有藉口的我們，找出了最真實的出口。

我會待在出口等你啟程。祝福你旅途愉快。

曾經把ＡＤＨＤ誤認為某種手機廠牌的大坦誠敬上

特別提醒：自殘自傷是危險行為請勿模仿，必要時請尋求心理諮商專業人士協助。

國中時的失眠夜必備の

結論：這是一位對過動症患者有刻板印象的過動症患者。

高中篇

學會與自己交朋友

高一的信

融入真的是寂寞解方嗎？

給大坦誠——

唉，我考上了一間升學率不是很理想的公立高中。我總覺得，既然成績都不好了，那我的人緣總該好吧？

所以我暑假參加了夏令營還有高中數學先修班，觀察人緣好的男生是怎麼過日子的。後來我得出一個結論，就是人緣要好的話，只要安安靜靜站在一邊就好了。

我很滿意這個結論，因為以前剛開學還很害羞的時候，大家都會願意跟我做朋友，只是隨著我開口的次數變多，大家就會開始對我避之唯恐不及，因為他們發現我很奇怪、很吵。

我的高中生活就要開始了，我好期待喔，我也好想跟同學一起去逛夜市、去海邊以及聊八卦，最好還能打球跟一起努力考上好大學。

所以我很努力去接近看起來最會玩的那群人，可是我莫名發現跟他們一起玩，好像沒這麼好玩耶，尤其是之前去動物園，他們在笑什麼我都不知道，但他們自拍我會努力擠過去，因為他們要拍照都不提醒我。回家我想要在臉書發一篇看起來跟他們關係很好的文章，可是我發現我怎麼寫都寫不出來，硬著頭皮假裝感性後，我覺得自己好丟臉，而且我的臉書標記他們，他們之中居然還有人沒按讚，這不就擺明了我在跟他們裝熟嗎？

唉，其實我也不想欺騙我自己，因為我就是在和他們裝熟啊！

最慘的不是這個，因為我總是安慰自己，我只是沒有跟他們同甘苦共患難，只要一起度過難關，我們的感情一定會升溫！所以每次他們慶生，我都有出錢出力，我花零用錢跟他們集資買禮物，也花時間陪他們慶生，我覺得抹刮鬍泡蠻好玩的，雖然他們在跟壽星玩刮鬍泡大戰時常常忘了要抹我，但我都自己抹自己，自得其樂。

結果在一場刮鬍泡派對裡，其中一個人氣王的新手機浸到刮鬍泡，完全壞了，無法開機。雖然我根本沒有拿刮鬍泡抹那位人氣王和他的新手機，我都站在角落，但這個時候，人緣好的大團體的成員們忽然想到我的存在了，一臺新手機一萬元，我們八個人平分。其實我聽到的時候很開心，因為他們把我算入分母，是因為我也是他們的一份子是嗎？

但我交出賠手機的錢後，他們並沒有邀請我去下一場慶生會。我有點難過，明明是說「我們八個人平分」，所以我和他們，算是「我們」嗎？我和他們是同一個團體了嗎？

長大後的我，你可以告訴我，我們最後有沒有一起去逛夜市、去海邊以及聊八卦？我們有沒有一起打球跟一起努力考上好大學？你可以告訴我嗎？你能告訴我，他們有真心把我當朋友嗎？

高一的大坦誠敬上

給高一的大坦誠——

唉呀！你賠別人手機的錢，可是辛苦存了好久，想要買人生中第一雙Nike球鞋的錢耶，真可惜！

很抱歉，雖然我最後有勉強跟他們去逛夜市，但你所期待的其他事情都沒發生，而你藏在心底不敢問的事情，則是確確實實的發生了。

你不敢講，我來幫你講出來：「那個大團體的人，除了分錢會找你外，根本不把你當一回事！」

很失望是吧？還記得「我們」為了要加入團體、為了「被當一回事」，做了好多蠢事。

來細數一下我們的「好人緣大團體」之旅吧！

國中的時候，你勇敢的和班上人緣最好的俊男美女在童軍課時同組，結果卻被裡面的小公主霸凌，吵架吵到畢業前夕才和好；高中的時候，你真的像是強力膠一樣，瘋狂的想努力融入那些好人緣大團體，每次他們出遊，你都硬要跟，而這次你學乖了，觀察到很多人緣好的人都是默不吭聲跟著群體行動，因而決定也要扮演並偽裝成隨和的隱形人。可是你忽略了一點：人家當隱形人是動如脫兔，你當隱形人是呆若木雞。那些安靜跟著群體行動卻人緣很好的人，並非一句話都不講，而是他們的社交都是能省則省，簡單的與人交際，卻又能立刻讓對方把自己當成朋友。

這些人惜字如金，但說出口的話都能吸引人；而你太過笨拙又過於執著，導致在小團體裡雖然不突兀卻總是被遺忘，所以變成了那個團體的跟屁蟲——一個好不容易引起團體成員注意，卻終究被發現是個無聊的人。

我真想用長輩的語氣跟你說：「要是你讀書的動力，可以跟融入人緣好團體的積極度交換，你現在早就是國外大學博士了啦！」只不過我仍然為你感到驕傲，我認為加入團體是必要的，而且沒有試著融入，哪知道不適合？

可是，如果覺得自己不適合「好人緣大團體」是件悲哀的事，那你就錯了。儘早發現自己不適合某個團體，才能避免寂寞！

學習回應並珍惜別人對自己的好

也許你會想：「就是因為寂寞，所以才要努力融入團體呀！」可是，教書後的這段日子我發現，班上最寂寞的人，不一定是那些被認為是「全民公敵」的小孩，但只要他們具備下面這項特質，那麼他們十之八九都有人際方面的困擾。

這項特質就是——「硬要融入不屬於自己的小團體」。

我帶過的班，曾經有個被同學排擠的孩子。其實這個孩子也沒什麼大問題，只是跟同儕相處的經驗太少，所以用爸媽疼愛他所培養出的言行來應對罷了。剛開學的時候，我就制止那些把欺負他當有趣、還有愛看熱鬧的小孩繼續作弄他，同時也請班上的大家給這位被排擠的孩子一次機會。

在我的宣導下，這個班的學生們不再排擠他，可是我卻發現了一個問題。

這個剛剛才脫離「排擠險境」的孩子，想直接「跳級」成人氣王！

我發現當我們班比較害羞、溫柔，或是較為低調的同學想要接近這孩子時，這孩子居然擺出「不屑一顧」的表情，然後轉身就開始找班上那幾隻較為強勢的人氣獅子王，用「我們應該非常熟吧」的姿態跟他們開玩笑。更可怕的是，我發現他開始用力模仿班上那幾位人氣王的行為和態度，甚至開始主動嘲弄班上那些較為弱勢的孩子。

這讓我不禁皺眉，也為他捏一把冷汗！要是班上那些願意對他敞開心胸的小白兔對他失望了、而那些張牙舞爪的獅子王也打算因此再度欺負他了，那我再勸幾次開罵幾次，也救不了他。還好，在我的引導下，在那位小朋友再次陷入人際困境之前，就開始慢慢學習如何去回應與珍惜別人對他的好。

雖然我不是希望他帶著「被憐憫」的感覺交友、讀書，也不是要告訴他「別人願意跟你當朋友就好了，還挑啊！」但交一個知心好友這件事都要慢慢來了，在完全不改變自己的情況下，大聲宣揚自己想要一下子從「邊緣人」跳級成「人氣王」，實在是太危險了！

從這個比較極端的例子可以知道，硬要融入不屬於自己的團體，還對那些願意接納你的人不屑一顧，是一件危險的事。

想告訴你，真正的寂寞解方……

接下來，我也想談談關於「硬要融入團體卻融入不了」的孩子。

教書的這幾年，我常常看到班上有一種「兩頭空」的小孩：他們沒來得及和願意接納他們的人培養深厚感情，卻又苦苦追著那些不太願意接納他們的人跑，因而常看到他們臉上流露出困惑但又不甘心的表情。

其實這種苦，我以前也吃過。

高中之前我的人緣一直都不算太好，所以升上高中後很努力當個卑躬屈膝的好人，想要融入班上最大咖的團體。雖然高一我吃過「硬要融入團體」的悶虧，但我把這歸因為「應該是我還不夠努力融入吧！」

後來升上高二，我也更努力融入——我成天壓抑自己、為每個人做牛做馬，終於在畢旅的時候，成功擠進人緣最好的那一組。

我總覺得自己完美的達成了心願，但事實上，反應遲鈍的我，跟那群反應快、點子多的人氣王根本格格不入，我們甚至沒有共同的話題！

我永遠都忘不了畢旅那幾天，我像個卑微的小弟一樣，緊張兮兮的盯著那些人氣王的臉色，還要神經兮兮的注意他們有沒有拍合照，還要可憐兮兮的找話題跟那些人氣王「尬聊」。基本上，我整個畢旅都是在「緊張兮兮、神經兮兮、可憐兮兮」的狀態下度過，可是我當時卻甘之如飴。因為我相信：時間會過去，但合照會留下來。只要我在合照裡面看起來人緣很好，現在的尷尬遲早會忘記，而那幾張看起來人緣很好的合照必會留下。

殊不知，現在的我根本不會看那些合照，可是那種「緊張兮兮、神經兮兮、可憐兮兮」的感受還是會浮上心頭，這種卑微的感覺，比被當成全班公敵還要可怕！被當成全班公敵，你是個單挑三十幾個同齡人的勇士；但硬要擠進別人的圈子裡還要低聲下氣，就表示「大家一樣是學生，你卻搶著當僕人！」

只不過，有一些人比我更慘，因為他們「卑微之外，還被踐踏」。會有這種下場的人，通常都是那種「自以為可以融入某個圈子」卻「被那個圈子的人用力拒於門外」的同學。

我高一的時候，班上有一個女孩子，覺得自己跟班上那些發號施令的人氣王是一夥的，所以開始天天纏著他們，還學著他們對班上同學指手畫腳，結果不但被那群發號施令的人氣王修理了一頓，還成為全班的笑柄！

我說了這麼多只是想告訴你：「為了害怕寂寞而硬要融入團體，反而會更寂寞。」

我希望你多去找些不用花一大堆心力，也能夠自在融入的團體。比起「硬是成功融入別人」，「放棄硬要融入任何團體」才是眞正的寂寞解方。

離開不適合自己的團體，就是找到屬於自己團體的第一步。

加油！

祝 早日啟程！

覺得帶學生校外教學很累，所以現在害怕跟一大堆人出遊的大坦誠敬上我的高中母校幾乎人人都能隨手寫上一段和人裝熟的自嗨感性文。都快演變成一種詩賦文體了。

信手拈來
哈哈HBD啦一起掃外掃區真的很skr耶
新學期一起加油拉康輔社29th真的很酷哦
接下來的日子也要一起訣交考卷拉哈哈哈
#愛在九班
#仙草凍戰士
#不想登記成績
#一起瘋
感性文科舉

高二的信

霸凌的結局

給大坦誠——

現在我的人緣比以前好了，但總覺得自己人緣不好的時候比較快樂。

該怎麼說呢？以前人緣很差時，我只覺得要是我努力對大家好、上課不要亂跑、認眞讀書，人緣就會好，所以現在人緣不好，多少還帶有「我活該」的自知之明和安心感。可是從高二意外被老師選為副班長後，我決定趁這個機會好好重新來過，因為我眞的很努力，所以我總覺得我遇到的那些爛事，都不是我活該承受的。

我減重減了二十幾公斤，每天上課都努力的認眞聽課、做筆記而且不講話，我一想亂動我就拿鉛筆用力戳大腿，我每天把自己綁在夜自習教室讀書，考不好就自殘。還有我很賣力討好每一位同學，我眞的很努力，但是每個人都只是把我當僕人而已，為什麼？到底為什麼？我眞的很努力要交朋友，但每個人都在利用我，只會在需要拿我的作業借抄、要我出錢和他們一起買別人的生日禮物時，才會來跟我聊天。我好希望大家全都去死，但我知道該死的其實是我自己。

只是我好怕如果眞的像以前一樣反抗，人緣又會變差了。所以慢慢的，我變成一個逆來順受的人，只敢把不滿寫在日記本裡，然後繼續服務同學，確保自己不會再度變成邊緣人。其中我服務最勤的對象，是班上的朝天鼻痘痘男康輔豚，因為他眞的太會霸凌人了，整天都在偷拍別人，還創了一個小群組專門靠北班上的人。我覺得這種人很有權力，所以不敢得罪他，三不五時都要聽他的話，幫他一起出錢買禮物給他想要巴結的人，幫他「話蝦（喊聲）」，幫他寫作業，幫他畫美術課作品，還有讓他拍取笑我的遜咖影片……

我很認分的當他跟他朋友的僕人，每次都幫約他想約的人，尤其是班上跟我很要好的帥朋友義宏，每次我都要費盡心思湊合義宏跟康輔豚和他的臭三八姊妹，但他們成功跟義宏搭上話後，卻又把我晾在一旁。我知道自己很低下，卻又不敢反抗，只敢寫在日記裡。我不明白，為什麼他們明明成績爛又長得醜，我幹嘛還這麼聽話？但一想到若不順從，過往在人緣上的種種努力可能就化為烏有，想到這裡……就又繼續任憑他們糟蹋。

有一次，康輔豚跟他的三八姊妹約我假日吃麵，我從蘆洲趕到北投，結果他們提早約了沒告訴我，我到達時他們已經快吃完了，他們說會等我，結果我點好餐，他們又說要走了，我就餓著肚子提著匆忙打包好的麵陪他們逛街。有時候他們會嘲笑我自殘的疤痕，我會很羞愧又很驚喜，因為他們有注意到我，而不是忽略我。雖然康輔豚在摳我手上的疤時實在有點痛，但既然都忍讓到這裡了，我的人緣一定不會太差。

沒想到，這樣的忍讓，還不夠。

因為平常被糟蹋得太慘了，所以我都會寫日記洩憤。日記就是我的小天地，在日記裡我不用傷害自己或是變得多卑微才能被愛，我在日記裡面詛咒班上同學還有這世道的不公，我的日記就是我的祕密花園。

可是康輔豚知道我有日記後，就開始打起我日記的算盤。我抵死不給康輔豚看，結果某一天他的其中一個姊妹把我騙出教室，騙我要聊天，我本來很開心以為自己被重視了，但我一回到教室後，我的日記早已被康輔豚翻了出來，內容傳遍全班，包括我在日記裡面罵班上同學，班上所有平常使喚我的人在康輔豚一聲令下，有的完全不跟我講話，有的藏我東西，還有人說要在放學後把我的手打爛，讓我這輩子都無法再寫日記，除此之外，我還要在網路上面對鋪天蓋地的罵聲，我覺得自己時時刻刻都處於危機之中，但整個世界都告訴我，我是個自作自受的賤人，可是那是我的日記啊，我有罪嗎？原本會跟我打籃球的腿毛男，現在看到我像看到鬼，原本會笑著問我要不要去買東西的同學，開始在我經過他們位置的時候伸出腳絆倒我，還有我們班那個短髮妹，整天借我的東西、抄我的作業，現在為了看好戲，也跟著藏我的東西。

我是殺了誰所以有罪？還是我沒有成功殺死自己所以該受到懲罰？

我其實知道康輔豚為什麼要這樣對我，因為我的帥朋友，也就是他最想接近的人，因為心臟問題在家中過世了。一切事情來得極為突然，但康輔豚覺得跟著辦告別式很酷，不用上課，所以就帶著他的三八姊妹跟著我一起處理告別式的事情。結果告別式結束後，他們立刻掏出我的日記，徹底跟我劃清界線，畢竟我的帥朋友已經過世，他們沒有接近我的必要，而且班上被霸凌的人開始常常請假，需要新的替死鬼，我就是那個替死鬼。

這星期是我的生日，但我過得糟透了，除了每天擔心自己的手會被班上的壞同學打爛外。更糟的是，我們班導完全不處理，只會叫我多喝熱開水。每天上學我都很恍惚、很想死，而且爸媽也覺得我是個不肖子，我媽還說她後悔生我，說我整天去學校搞那些有的沒的。我眞的好害怕，但我又好恨我自己，所以我都會躲去廁所拿美工刀傷害自己，因為我覺得，只要我這樣做就可以跟大家站在同一陣線，我就可以被愛了，因為大家都想欺負我。

現在的你，有跟大家站在同一陣線了嗎？

如果有的話，可不可以跟我講，到底要割自己幾刀，我才會被接受？

高二的大坦誠敬上

給高二的大坦誠——

我來為你重新闡述這段故事，還有這段故事的結局。因為我覺得這一切沒有那麼絕望，至少最後不是。

我高中的時候，日記被偷看了，結果我被霸凌了。

我的日記本被班上那位「康輔豚」翻了出來，他們在裡面看到我寫的壞話，接著開始又哭又叫的說，我是個雙面人，我背叛了大家。其實當時會被他們翻日記，也是意料之中的事，因為康輔豚一行人非常想和我的帥氣摯友混熟，但我的摯友意外過世了，在葬禮過後，康輔豚等人終於覺得我沒啥用處，想方設法的想找個理由把我踢掉，才不擇手段的翻我的日記。

於是高中的我，就這樣一邊承受著摯友過世的痛，一邊被康輔豚帶頭臭罵「為什麼意外身亡的不是你」。順帶一提，我當時因為成績太爛，和家人鬧翻，被家裡趕去學校住宿舍。最重要的，那本我視為救命解藥，藏有我最多隱私的日記被康輔豚奪走、拍照，成為流傳在全年級的談資和笑柄。

我仍然不懂當時的我有什麼錯？我的表面工夫都做足了，康輔豚和他的閨密團也利用我利用到不行了，為什麼依然不放過我？

那是我最晦暗的一段日子。只不過，康輔豚就沒有得過報應嗎？有的。

隨著時間推移，我憑著學測成績考上國立大學，而被康輔豚拚命排擠過的人，一個個都好好的過著自己的生活。最終，他因過度執著於搞小團體，並無底線命令同學們順從，反而作繭自縛，最後成為班上最被排擠的人。

讓我告訴你故事的真結局

成為作家之後，我回到曾經圍攻我的班級群組，標註了康輔豚，說我要出書了，我大聲宣告他們沒有毀掉我，我一定會成為很有名氣的作家。因為當年他們都搶著翻我的日記，想要「拜讀」我的作品，這就是我當作家的天分。

原本康輔豚還截了我標註他的訊息，發到他的ＩＧ上，想要用當年的方式嘲笑我，但諷刺的是，他那珍惜得要命的、不到千人的ＩＧ粉絲裡，有我的讀者，而我的讀者立刻傳截圖給我看。最好笑的事情來了，康輔豚發現我有十萬多粉絲追蹤，就立刻把他在ＩＧ上的言論撤下，還趕忙和我道歉。

怎麼這麼可悲啊！我成了他最渴望成為的網路創作者，而他仍原地踏步。

知道康輔豚最後活得如此可悲，我連痛恨他的力氣也沒有。取而代之的是遺憾：我寫了這麼多霸凌故事，卻不知道要怎麼寫自己的霸凌結局。

幫我寫下霸凌結局的人，是我們班座號五號的小孩。

我們班五號跟小時候的我幾乎一模一樣：身材圓潤、膽小，常被欺負又不敢反抗欺負他的同學，只敢在自己的小本本寫「要被處罰的人名單」。有時候他會指著鏡子說「我好噁心」，這點和我最像。偶爾我會因為他感到心痛，怕他長大會和我一樣，痛恨自己、討好別人、被人糟蹋，然後更痛恨自己……

我不允許這種事發生。

所以我一直很努力的保護他，教他要怎樣變得勇敢、要喜歡自己，被別人罵了要大聲說「你沒資格弄我」。例如遇到不好的事情要先跟老師講，再寫小本本，不要憋在心裡。我還叫那些欺負他的男生服務他，當然，本來會欺負人的小孩在學會幫助人後，我一定會大大讚賞。後來，沒有人敢再欺負五號了，五號在我們班越來越快樂。

某一天，五號慎重的拉著我去廁所，說：「老師，有人大便很臭。」

蛤？你叫你的老師來聞廁所？

不等我反應，五號就可憐兮兮的問：「我看到不好的事情會跟老師講，那我可以當班長嗎？」

「哇，你推薦自己當班長？」我盡最大耐心回應他。

「對啊！」五號說：「因為我現在很喜歡我自己喔，也喜歡大家。」

我不敢相信這個整天詛咒自己的小孩會這樣說——但當班長還是沒辦法的，這樣太偏心了。

「不用當班長也沒關係，你可以當更好的。」我笑著告訴他：「你當你自己就可以。你看，臺灣有好多班長，但你是獨一無二的小寶貝。」

「我是獨一無二的小寶貝嗎？」五號問。

「眞的。」我說。

五號害羞的笑了：「那我要一直當我自己。」

我說過，最爛的人搞小團體，最好的人保護別人和自己。這個世界殘忍的地方就是：某些造成你陰影的人，反而會去別的地方享受太陽。時間過去，我和爛人們都長大了，但康輔豚留下的陰影，沒有阻止我去明亮的地方。我會繼續同時當大坦誠跟那位曾被欺負的三十六號，我還有好幾本書要寫，我想大聲告訴康輔豚：你待的書店，你逛的網路商場，你滑的社群軟體，都會有我的影子。

那些被欺負的小孩，絕對不會和我一樣討厭自己！日子會過去，小孩會長大，我的讀者也會，曾經受盡折磨的邊緣人，一定會變成主流人物。

一切盼望，將從我們班的五號和這間廁所開始，而康輔豚，就永遠讓他留在這間很臭的廁所裡面，就是這樣。

長大後的大坦誠敬上

特別提醒：自殘自傷是危險行為請勿模仿，必要時請尋求心理諮商專業人士協助。

不知道我ig追蹤者超過十萬前，
康輔豚知道我還沒原諒他，
就在網路上發文罵我。

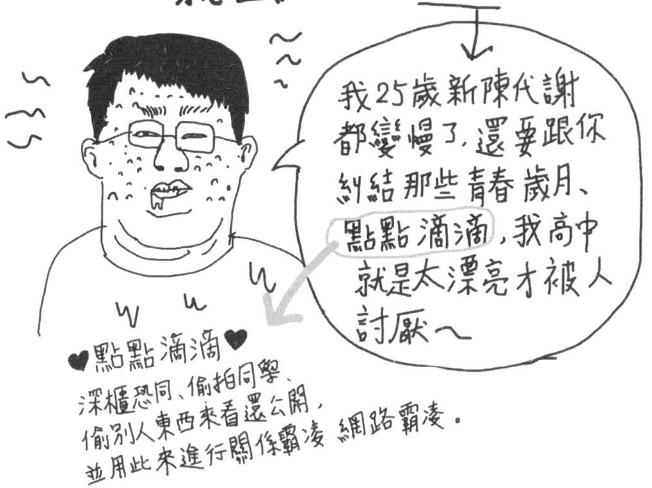
我25歲新陳代謝都變慢了，還要跟你糾結那些青春歲月、點點滴滴，我高中就是太漂亮才被人討厭～
♥點點滴滴♥
深櫃恐同、偷拍同學、偷別人東西來看還公開，並用此來進行關係霸凌 網路霸凌。

知道我在ig追蹤者超過十萬後，
立刻傳訊息和我道歉了。

對不起 和我和好吧 你過世的朋友一定也希望我們和好。
拿我過世的朋友擋

高三的信

獨處帶來的好處

給大坦誠——

我要跟你分享我幫自己慶祝十八歲生日的英勇事蹟。

你知道的，高三的時候，我跟爸媽吵架，爸媽在我十八歲生日前夕高聲宣告「再也不會幫我慶生」。同一時間，班上的康輔豚對我發起了人際霸凌，他警告大家，不孤立我，就是惹到他。

那時逼近學測，大家都不想惹事，所以開始孤立我，而我的好幾個朋友都請假了。因此十八歲生日那天，我一個人孤孤單單的從宿舍走進教室。

我還記得那天康輔豚超晚來學校。一到學校，他就跟他的姊妹盯著我議論紛紛，拿手機偷拍我，把我的照片傳到他的小群組，同時還竊竊私語的取笑我生日沒朋友。

可是好面子的我，早已有了對策。

我用住宿僅存的生活費和獎學金買了兩個大蛋糕，用一小時一百五十元的價錢，「雇用」兩位比較兇的高一同學幫我慶生。

那時候人緣好的人流行慶生潑髒水，所以就算那天天氣超冷，我還是準備了一桶髒水，要我雇來的人潑我。

計畫順利進行，排場頗大。我生日當天中午，我請來的「工讀生」們端著蛋糕幫我唱生日快樂歌。我對他們使了個眼色，他們猶豫了一下，就拿著髒水從我頭上淋下去。

我很開心，因為被淋髒水讓我看起來很夯。可是，髒水淋下去的時候我才發覺自己不小心弄到太臭了，但我還是像個王者一樣崩崩崩走向目瞪口呆又狂盯著我的康輔豚小圈圈，找了裡面最八卦又最孬的矮冬瓜幫我拍照。

你眞該看看矮冬瓜的表情，他的表情就像發現屁眼長智齒一樣絕望。

我裝出驚喜又無奈的樣子拿著蛋糕出去（因為不想被發現我雇人慶生），躲在另一棟樓的空教室，一個人把蛋糕吃完，而手機裡面爸媽的訊息是「你模擬考怎麼考成這樣？」而不是「生日快樂」。

所以我有哭。

我眞的眞的眞的只有哭一點點，隨便啦，總之吃到後來，我滿嘴奶油的放聲大笑，把整張臉埋進蛋糕裡，我很快樂，這就是我的生日快樂。我要快樂快樂快快樂樂。

這就是我的十八歲生日，也是我人生中第一次幫自己辦生日派對。

但你知道嗎？今年我一個人辦，以後我也要自己辦！現在很多酷男酷女都高喊「我不過生日！我超嘻哈！在意生日很幼稚！」（但還是會有一堆想巴結他們的人送生日禮物給他們），我不在乎你是否覺得我到十八歲還想著慶生是不是很幼稚，我想要大聲的告訴你，我他媽超在乎我的生日，因為生日代表一個人是否活得夠有尊嚴夠有面子。

所以為了我的尊嚴跟面子，接下來到我死為止，我都要一個人辦慶生。

平常其他同學生日，為了社交，我都有送禮物，結果我生日卻一件禮物都沒有！所以我不想要再寄託希望在任何人身上了，我以後生日要先大聲疾呼「我不收禮物，也不用幫我辦慶生，我要自己幫自己辦」，這樣就不是別人不幫我辦，而是我自己先拒絕，這樣我就不會丟臉了。

你今年是怎麼過生日的呢？

希望未來的我，生日可以獨自一人辦得超級氣派，這樣我就不是那個最可悲的人了。

高三，十八歲的大坦誠敬上

給高三的大坦誠——

生日快樂喔！時間過得眞快。我快要二十八歲了，要大你十歲了！

一直到大學畢業之前，我都很堅持自己過生日，就像你說的，我不想讓任何人有機會毀了我的生日，所以我拒絕家人、朋友幫我慶生，我拒絕把希望寄託在他們身上，因為我怕他們讓我失望。

直到發生一場有點嚴重的車禍之後，我才對「生日」這件事改觀。

雖然我覺得自己過生日比較像是年少時期的賭氣，但我認為當時的你很勇敢，因為當時你身旁同學們的價值觀就是「過一個氣派的生日，就是人緣好的證明」，而你直接靠自己去追求自己所渴望的東西（雖然用了歪七扭八的方式），所以如果時光重來，我還是會這麼做。

因為那次「一個人計畫」的生日，不僅讓那些愛霸凌我的人以為我在別班有人罩，因而不敢再孤立我之外，也讓我開始體會到「跟自己相處」的好處。

雖然大學時期我仍然會想要迎合大家，不過「獨處」這個課題，我依然很努力的在學（也可能是大學跟幾個人吵架後，沒辦法再組大團出遊了也說不定）。

我認為「獨處」有兩個涵義：「獨」自和自己相「處」，以及「獨」自「處」理事情。現在，讓我來為你介紹「獨處」的好處吧！

培養自己解決事情的能力

國一童軍課時，同組的酷女孩獨獨不幫我畫Logo，所以我自己畫了一個更耀眼的；高三慶生時，我曾經努力討好的朋友不幫我慶生，所以我就自己來。這讓我學會一個道理：「真的很渴望的事物，就自己爭取，不然要一直等別人。」像是大學時期有很多有價值的活動，徵選方式都是要自己寫好計畫書上交的，有些人會拜託別人幫忙寫，結果面試時卻一問三不知，所以我認為要自己寫計畫書，這樣面試會更順利。還有一些騎機車橫跨外縣市、打工之類的活動，都得要自己去查資料，如果只是乾等別人介紹，根本等不到。

雖然那時候還是大學生，獨自計畫任何事都會有一些小缺點，但因為很多事情我都會想著「能不能靠自己做到」，累積了「不去哀求、拜託別人」的習慣，所以成為作家後我寫稿和畫插圖都自己來。有某間出版社不幫我安排宣傳活動，我就靠自己接通告以及報名書本比賽。成為國小老師後，要有十八般武藝，雖然很多老師都說要學會請學生幫忙，但很多臨時發生的事情，都需要老師當下獨自冷靜判斷即時處理，這都是學著不依靠別人才會有的才能。

「獨自處理事情」帶給我最大的好處，就是我一個人到外縣市工作時，也能把自己照顧得很好，雖然會想家，但是一個人生活也不至於什麼都不會、什麼都做不到，大大降低不適應的情況。

不用再配合別人，更要學會與人合作

我認為「自己獨自去旅行」時，最能體會「不用配合別人」的好處。因為有時候跟朋友出門，都要擔心朋友不喜歡你最愛的景點；或是朋友太強勢，要你照著他的行程走；再不然就是朋友什麼都靠你帶，什麼都要你安排，還會嫌棄你，導致結伴旅行變成了絕交原因。

如果是自己去旅行，就可以不用照顧別人的情緒，只要專心享受旅遊的樂趣就好。這幾年，我幾乎一個人把全臺灣各縣市玩了一遍，而且每次都心滿意足。

此外，學會自己去旅行，才能增加「排行程」的經驗，剛開始我也是不敢一個人出去玩的人，也不知道要怎麼排行程，導致景點跟景點之間被排得太遠，導致我對旅伴很愧疚。當我學會自己去旅行時，把該吃過的虧都吃過一輪後（例如訂到徒有虛名的餐廳、去的季節和氣候不對、買到貴又沒意義的紀念品……等），就變成了會查景點、排行程的人，我排出來的行程旅伴們都很喜歡，我也很有成就感。

所以要邀人一起出遊時，先自己邀自己獨旅吧！

多了探索自己的空間

我認為獨處是身心靈成長的必要條件，因為你只有孤身一人的時候，才能夠理清對未來的頭緒。要畢業前夕，我曾經很認眞的參考學長姐的經驗，想要變得跟他們一樣成功，可是因為教甄落榜、補習班倒閉，我發現自己的路都斷了，完全沒辦法學習任何一個學長姐走向成功，只好從最基本的打工做起。打工那段期間基本上接觸不到以前熟悉的教師圈同溫層，所以跳脫同溫層後，我才發現自己好像可以當作家，於是就在打工時創作，最後終於圓了從小到大的出書夢，後來我入伍了，當兵天天都在凳子上思索人生，我整天就是不斷、不斷的想自己未來到底要做什麼，想著想著，才確定自己要當老師的志願。

簡單來說，別人的經驗、建議雖然不可或缺，但還是要找時間靜下心來想一想，才能真正釐清自己這輩子到底在追求什麼。

看了上面獨處的好處，你是不是覺得，這輩子孤身一人也不用怕呢？

錯！獨處帶給我最大的優點，就是我更重視，也更擅長「合作」和「社交」了。

獨處有益於合作

「獨自完成工作」，不僅讓我學會「不一定要等別人來幫助我」，還讓我知道「我有哪部份一定需要別人幫忙」。你可能會覺得「既然還是要人幫，一開始找人合作，不就好了嗎？」但我認為，如果一開始就叫人幫，你會覺得「哼！這個我也會，我不用認真學！」結果對方感受不到尊重，你也沒有真的學到東西，可是獨自完成某件事，知道其中困難後，你才會在請教別人幫你解決難題時，懷著謙卑的心努力聽對方的指導。

像是大一時，我想要去獨自旅行的地方一定要騎摩托車才能去，所以我才認眞的向朋友討教怎麼騎車；大二時我負責幫我們親善大使服務團設計看板，但我只會用小畫家，所以獨自掙扎、苦惱許久後，我請教就讀數位系的團員，才知道原來有這麼多厲害的數位軟體可以使用；出了兩本書後我才知道，一本書的誕生不僅是作者要努力寫，編輯也要幫你梳理文稿、挑錯字、給予客觀的建議，你才不會閉門造車。還有當老師之後，雖然要靠自己判斷很多事，可是全年級一起辦活動、一起參加校外教學，還是要靠各個老師分工合作才能完成！

因此「獨處」不只給你獨立的勇氣，也能讓你知道自己的優勢和短處，讓你掌握自己哪裡可以照顧人、哪裡需要人指導的部分。這就是「獨處有益合作」的原因。

獨處促進社交

學會獨處的同時，我也明白，自己還是需要家人跟朋友的。

高三時的我會覺得交友困難，是因為我不懂朋友的意義是什麼，我只是希望自己「看起來有很多朋友」，所以沒人幫我慶生，我才會難過，但因為堅持自己慶生、覺得自己能夠獨立完成所有事情、教甄落榜很丟臉，我慢慢的拒絕跟朋友接觸，開始變成封閉自己的人。

那時候我本來覺得獨處不難過，我也不需要朋友，但一個人形單影隻的繞一大圈後，我發現我還是很想念以前和某些眞心朋友的相處時光，在當兵期間聽了一些家庭狀況悲慘的鄰兵故事後，驚覺父母其實很愛我，不然我大概從三歲就開始一個人慶生了，哪會等到十八歲。

入伍前，我覺得再去接觸家人朋友，和他們道歉並和解很丟臉，可是當兵期間，我發覺眞的無法和他們聯繫後，眞的太寂寞了，所以在退伍後，我終於敢面對家人和朋友，而且哪怕道歉很丟臉、和解很尷尬，我也要再次大聲跟他們說：「對不起，我的人生，永遠少不了你們！」

所以為什麼獨處促進社交？因為你在獨處後，才會發現自己真正在乎家人與朋友，並明白自己什麼時候也需要人陪伴，你才會「為了自己與自己愛的人」去社交，而不是「為了社交而社交」。

你的十八歲生日與我的二十七歲生日

正如我在開頭所說，去年我被一臺大卡車撞到，還住院、拄拐杖了一段時間。

我曾經有一陣子吵著要自殺，但因為車禍差點喪生後，我發覺自己其實還有很多事情沒做，我還想活下來。從那之後，我就再也沒有輕生的念頭，因為我知道生命眞的很寶貴。意識到生命的寶貴後，我才發現，「生日」是拿來紀念「生命」的，所以最該感謝的，是好好照顧我，讓我的「生命」能夠延續下去的家人們。

過去的我，會因為家人沒有很重視我的生日而生氣；但這幾年的生日，我都會送家人小禮物，告訴他們，我最美好的禮物，就是他們對我的照顧。

而我也開始願意接受朋友幫我慶生了。

這是在某一次我和朋友打籃球時想通的事情。那是一個涼爽秋天的星期日，我早上和大學最好的朋友儒美去逛街吃烤肉，下午和我高中最好的朋友Mars一起打籃球。那是我這輩子最完美的星期天之一。那天要結束時，我翻看相片，忍不住傳訊息跟他們說：「今天是我最快樂的一天，比生日還要快樂，謝謝妳／你陪我。」

送出這句話後，我忽然想通了：「好好活下去的方法，不是在生日時大肆慶祝自己又長了一歲，而是跟家人、朋友以及自己珍惜的人一起開開心心的度過每個平凡的日子。」

那之後，我對「生日」再也沒有執念了，我反而更加在意自己家人朋友的生日，而且不同於高三時的想法，我送他們禮物不是為了要他們送回來，而是希望他們感到開心幸福。

現在我的朋友們都非常珍惜我，前幾天我的朋友張老師和黃老師才幫我舉辦了一場驚喜生日派對，儒美、Mars也寄了禮物給我，我由衷的感謝他們，也有點不好意思！

所以，希望有一天，你不用靠生日，也能為自己的出生感到開心。呃，也不要再拿「生日」來對家人朋友進行情緒勒索了啦！

只是，現在我又遇到了一個新的問題——我要三十歲了！

所以我的生日可不可以慢點來？我可不可以一輩子十八歲就好啊？

二十七歲了還在買懷舊卡通周邊商品的大坦誠敬上

高三的必修插圖系列

高三時最該畫卻沒有畫的人：
當時努力減肥，還算是小帥哥
卻因為被孤立所以很自卑
的自己。

謝謝你，雖然我們常自怨自艾，
但我知道，你一直用你的方式
在勇敢。

高三時最該畫的人：
復興高中輔導室張老師，在我
最糟時一直支持著我，給我力
量，聽我的心事，包容我，並阻
止我傷害自己。張老師教會
我如何去接納學生，教會
我要如何找到被孤立也能
堅強的勇氣。

大學篇

我的人生資料化

大一的信

無法成為系核心的自我安慰書

給大坦誠——

期待已久的大學生活終於開始了！我身旁的所有師長都說：「等到大學的時候，就可以盡情的玩，還可以交到許多朋友，累積最棒的青春回憶，而且大家都讀同一個系所，有同樣的志向，會相處得更加融洽！」

考上理想大學，我終於可以擺脫過去陰霾，成為大一新鮮人了，我真的覺得非常幸福。穿著便服、搭上捷運來到市中心的大學，我覺得自己終於迎來人生的新階段。新買的衣服、新的社交圈、新的學校……還有，新的寂寞。

我怎麼沒有預料到，大學也會寂寞的？

剛開始在大學的迎新晚會接觸到大家，感覺大家都好有趣。可是隨著迎新茶會和宿營開始後，我發現會受歡迎的，還是那些又帥又美的酷哥潮妹，還發現自己跟同學還是沒什麼話聊，大家會一起去吃飯、拍合照、打卡，但後來我們都發現彼此能聊的話題也就是那些而已，而且有時候我還要遷就著大家，吃不喜歡吃的餐廳、做我覺得很無聊的事。

而且同系的同學都選到不同的課，要遇到熟悉的同學好難。我好不容易交到一、兩個朋友，但我們的上課時間總是錯開，再不然就是我要約他們的時候，他們就要回到宿舍了。其實我們學校的宿舍不是很好，蚊子多，設備也不方便，我一點都不想住，但我還是感覺那些有住宿的人一點都不寂寞，天天有聊不完的話題。

現在又是空堂了。我聽說有些大一同學已經開始努力參加獎學金計畫還有準備當交換生，還有一些人約好要去唱歌，但我沒什麼錢唱KTV，又不想一上大學就開始拼命讀書，所以我卡在一個尷尬的中間值。

大學生活真的好自由，卻又好寂寞。我又感覺自己成為邊緣人了。想到這種寂寞的自由還要持續四年，我就不禁對我的未來感到失望，也覺得對我的大學同學們很失望，雖然這樣講很抱歉，畢竟他們也沒有對我做什麼壞事，但他們看起來都不像是那種會陪我經歷各種精采回憶的人。

未來的我，我該怎麼好好度過我的大學生活呢？大學的寂寞又是怎麼一回事？我該怎麼辦？

大一新鮮人時期的大坦誠敬上

給大一的大坦誠——

大學時期，最重要，也最讓人期待的，就是交朋友了。

但請記得，很多人在大學時期交到的第一個朋友，或是融入的第一個團體，都不是會陪你走一輩子的朋友。

只要「自然」就會有朋友

他們比較像你在國中、高中剛分班時，因為座號跟你只差一號，所以跟你搭話的新同學，但又比舊同學更陌生。你不知道他們是什麼想法、個性如何？因為你們來自於更不一樣的學校和縣市。

很可能開學幾個禮拜後，你在大學認識的第一個朋友會像校園美劇、熱血日劇、微甜泰劇或是偶像台劇一樣，成為和你無話不談的莫逆之交，但更有可能的是，在開學幾個禮拜後你會發現他很雷、他把你當人緣跳板，或者你看到他跟其他人出去不約你，發現他對你隱藏限時動態，然後你將獨自譴責自己、黯然神傷、瘋狂找理由挽救。

還有，住宿的同學雖然可能會有難忘的宿舍情誼，但我那些大學時期住宿的朋友說，有時候住宿反而會有一點壓迫感，也許室友們一起談心時很溫馨，但談心是偶爾才會有的事，你每天都要面對的是如何跟室友們磨合彼此的生活習慣。還有，你想一個人靜靜的時候室友都會在，宿舍並不像你的房間一樣，讓你可以享受一個人的空間，所以不要去羨慕住宿的人，並不是一住進宿舍，交友狀況就沒煩惱！

最後，關於「上大學交朋友」，最保守的作法就是不用到處約別人吃喝玩樂，或是遷就別人的喜怒哀樂，也不用因為自己一開始太過低調而害羞、自卑，你只需要照著你的興趣走，自然會吸引到那些跟你志同道合的人。在大學期間，你以為會接觸到很多很多的「別人」，事實上你要學的，是怎麼成為「自己」，並努力變成理想中大人模樣的那個「自己」。

也許你會遇到一些值得欣賞，或你想接近的人，但如果為了要和他們當朋友，而一直配合他們、模仿他們，你的寂寞會因為失去自由而更加劇烈。

趁這個階段，找一些興趣，或是留下一些作品吧！

不是很新鮮的大坦誠敬上

大學迎新教會我的事

1. 自我介紹不是自抬身價，就是全員尷尬。

我超棒我超賤！我考太差才來這所大學，我看不起你們
我愛看書還有聽音樂
我愛看書還有聽音樂
我愛看書還有聽音樂
一臉茫然

2. 互動遊戲不是在看誰得分，而是在看誰長得好看，可以要IG。

3. 就算沒去迎新，只要你長得好看，依然會有人想認識你，搜你臉書，加你好友。

4. 迎新是為了認識朋友才去那邊尷尬，但承(3)所說，長得好看的人沒去迎新也會有朋友，所以大學交友的本質就是看臉，

而迎新的本質就是尷尬。

大二的信

邊緣人的人際資料表

給大坦誠——

現在我大二了，大家都說大二是最精彩的一年，為了結交更多朋友，我加入了學生議會、親善大使、系學會還有暑期梯隊。

每件事情我都很認真參加，可是為什麼我明明已經很努力了，卻還是有人討厭我呢？我真的不想要再被任何人討厭了！

從小到大，該吃的苦都吃過了，該改的都改了，卻還是會在某些時刻，感受到「變成邊緣人」的恐懼。像是在學生議會開會的時候，我不知道怎麼帶動氣氛；加入親善大使和系學會後，我看不慣某些人的行為卻也不敢說出口，因為我怕變成眾矢之的；暑期梯隊在開會的時候，我隱隱約約感覺到一起開會的隊員有一些事情瞞著我……。

我眞的很擔心，以後去當兵會不會被欺負？

最近我發現，身旁有一些原本不是很親近，但還算客氣的同學，對我有點陰陽怪氣的。雖然沒有鬧翻，但夜深人靜時總還是會覺得很不安：我到底還有哪裡需要改進？

夜裡失眠，翻著自己以前的聯絡簿，看到上面有一句我國小時最不喜歡的話：「可憐之人必有可恨之處」。

唉！明明都已經很努力了，我是可憐、可恨在哪裡？這句話，你認為該怎麼解讀？

我眞的要一輩子當邊緣人了嗎？

大二的大坦誠敬上

給大二的大坦誠——

現在我在當老師，也是常常處理小朋友的人際問題。雖然我的人際智慧不高，但還是能很敏銳的「聞」出小朋友是屬於哪一種人際類型，只不過他們通常都陷入「當局者迷」的狀態，每次都要花好多時間開導他們。

不過沒關係，我也是到當兵前才學會釐清我的人際狀況。

最近你應該在寫小論文吧！就像寫論文有很多資料要整理，我也整理一下你的人際資料，看看從小到大成為邊緣人的原因，以及到底有「多邊緣」吧！

國小階段

● **被討厭指數：**被全班大約五分之四的人討厭，被討厭程度八十%。

● **變成邊緣人的原因：**

典型過動症的言行舉止不受控（但極高原因是本身個性就很差）。

反應遲鈍看起來好欺負，被欺負後又不擇手段的反擊和報復。

講話沒經過大腦，總是說超級冒犯別人的話，被人罵還會不高興，頗有嚴以律人寬以待己的爛作風。

因為羨慕人緣好的人可以上課講話，所以上課時就故意大講特講；尤其在聽不懂的數學課堂上更是崩潰，行為乖張影響大家學習。

● **被邊緣的程度：**

被許多家長檢舉，有些同學的爸媽甚至用「到學校當志工」的名義來扭我耳朵，或是說我是「死過動兒」。

很明顯的被許多科任老師討厭。

曾經被某位老師叫上台，被公眾問全班「討厭這個人的舉手」，然後一堆人興奮舉手。

班上人緣好的同學聯合攻擊我，任何錯事都推到我頭上。

一天到晚都有人威脅要揍我，曾經被高年級學長無故辱罵。

校外教學時被所有人避開，到最後家裡決定不讓我參加校外教學。

我要好的朋友常被那群「人緣好卻討厭我的人」威脅，要求不准跟我當朋友。

班上有好幾個人假裝我不存在，把我當成空氣人。

●做得對的地方：

雖然被討厭，但還是想要跟同學一起玩，班上同學有誰需要幫忙我都會跑過去幫忙，我最好的幾個朋友就是這樣來的。

我的媽媽不是恐龍家長，每次我在學校做了糟糕的事，她回家都會修理我，不會溺愛我，但也沒有虐待我。

沒有作弊、偷竊、改成績……等等，但那張嘴巴真的很惹人厭就是了。

●該改進的地方：講話之前要經過大腦。

國中階段

●**被討厭指數：**被全班四分之三的人討厭，被討厭程度七十五%

●**變成邊緣人的原因：**

因為講話語速太慢和太胖，班上某個酷女孩和酷男孩提出「不要跟這個遜咖好」。

聽到「不要跟這個遜咖好」後，心態徹底崩壞，開始恢復國小作風，上課大吵大鬧，口無遮攔。

過動兒症狀加劇，課業壓力再加上青春期叛逆，以及當時情商智商雙低，導致自己完全無法處理好任何一段關係。

曾經努力模仿受歡迎的人設，但東施效顰無法持久所以功虧一簣露出真面目，最後徹底自我放棄，成天不用腦過生活。

班上其實有很多人願意跟我相處，但我的個性真的太差了，所以他們都對我很失望。

為了激怒那些故意忽略我的同學，或是對某些同學的行為看不下去，幫他們取超難聽綽號。

●被邊緣的程度：

在別人挑撥和自己不擅處理友情的情況下，與原本的好朋友反目，甚至在眾目睽睽下被「前朋友」丟東西砸臉，險些被打瞎。家長介入後，學校因怕被告謹慎處理，結果有些老師帶頭稱我為「媽寶」，隨後許多人都這麼叫我。

因為嘴巴太壞常被按在地上揍，經常滿身傷痕的回家。

被人在無名小站罵。

總是分不到組，有一陣子老師、同學常常彼此呼籲「不要理這個人」！

●做得對的地方：

雖然嘴巴很壞，但偶爾在同學難過時會努力主動安慰他們，他們說「要是你平常講話都這麼溫暖就好了」。

熱心參與班級事務，大家覺得很麻煩的美工品都交給我。

努力關心當時家中突遭變故的同學。

國三學期末幡然醒悟，開始跟每個被我惹過的人誠心道歉，也換得他們的諒解與示好，最後有一位跟我不太好的同學，寫了一封信給我，上面寫著「要是我早點跟你成為朋友就好了，希望你以後也交到很多真心的朋友。」

●我該改進的地方：

有許多同學說過我是善良熱心的人，只是個性很差嘴巴又很壞，所以我認為自己當時該用正確的方式表達善良。

雖然某些老師會帶風向讓我被討厭，但大部分老師都非常關心我，爸媽也沒有對我失去耐心，我應該要多體諒大人。

剛開始受到挑釁，不該覺得同學都不挺自己。畢竟別人才剛認識我，是要怎麼挺？

我應該要專注和那些願意跟自己當朋友的同學培養友誼。

不要把白目當有趣，不喜歡被說，就別說別人。如果遇到看不慣的情況要先好聲好氣跟對方建議，不要一下子就指著別人鼻子嘲笑，最後活該被打。

高中階段

● **被討厭指數：**被全班二分之一的人討厭，被討厭程度五十％

● **變成邊緣人的原因：**

因為國中時嘴巴太壞，檢討之後決定在高中的時候當一個二十四小時全時間營業友善的人，但卻抓不好「善良的底限」，最後變成徹底的濫好人。

變成濫好人之後，卻被班上某些人緣好的人當成僕人，最後太過壓抑自己，開始寫日記罵那些利用我的人，並且在自覺形象不夠像好學生時，選擇用美工刀傷害自己。

我的日記被那群喜歡命令我的人翻了出來，在看到日記上面的文字後開始孤立我，甚至變本加厲的命令我，還說這是「贖罪」。

● **被邊緣的程度：**

東西被藏、走在路上被撞肩膀、時常被威脅會被打。

人緣好的那一派下令全部的人不准跟我講話，有一半以上的同學開始跟著孤立我，就算我之前幫助過他們也一樣。

我被孤立的同時，還要幫他們做牛做馬，並且不斷被他們忽略。

他們創了一個群組來罵我，並且天天偷拍我的照片放到群組取笑，此外還輪番在社群軟體上不停、不停的罵我。

我信任的大人都不理我：班導當成沒看到這件事，當時家人也覺得我沒好好念書所以才搞這些。

班上有幾個看不下去的人還是堅持當我的朋友，並且鼓勵我，幫我說話。

●做得對的地方：

沒有放棄認真念書。

那時候因為覺得眾叛親離，差一點跳樓自殺。可是我有鼓起勇氣去輔導室尋求資源，當時輔導室的張老師給我了最大的支持和鼓勵，讓我決定要好好過生活，不讓她失望，成為跟她一樣的老師。

我開始珍惜那些陪在我身旁的朋友。

我有用別的方式自救。例如請一些厲害的人幫自己慶生，除了填滿空虛的心，也讓那些欺負我的人誤以為我有人罩，而且這招的確奏效。

大學階段

●我該改進的地方：

該幫自己設立底線，不要為了交朋友而討好所有人。

誠實表達自己的想法很重要，有時別人故意對我展現惡意我卻說沒關係，就會被欺負。

即使不喜歡，也要用堅定平和的方式表達，讓別人了解我的個性，這樣我能活得更自在。

跟家人、老師誠實溝通，說明自己的困境。

當初我不是不敢講、不想講，而是以為這樣很堅強，沒想到卻造成自己非常久的一段陰影。

我該珍惜重視我的人，而不是珍惜被大家重視、卻輕看自己的人。

●被討厭指數：被系上四分之一的人討厭，被討厭程度二十五%

●變成邊緣人的原因：

儘管努力跟所有人當好朋友，還是有一些人覺得我太刻意，也有一些人看我不順眼。

為了維持友誼，我在大學活動中選擇裝好人，結果有人推卸責任，散播謠言，許多人相信並開始對我指指點點。我崩潰後無差別發文反擊，因此失去了一部分朋友，那些傷害我的人也開始害怕我，見到我都避之唯恐不及。

●被邊緣的程度：

有超過半數同學是我的朋友。然而，還是有人瘋狂散播「我有病、瘋掉了」的言論，甚至在匿名社交平台上罵我。

●做得對的地方：

當時沒有揍人，只是進行了一些中文系之間的筆戰。

那群人說會罵我是因為他們是「很坦誠的女孩」，我就說那我就叫做「大坦誠」，大坦誠之名因此誕生。

和其他真正願意相信我的人，有了更深厚的感情。

為了氣那些討厭我的人，努力尋求成績和比賽的成就。

因為我真的大抓狂了，所以有些曾欺負過我、佔過我便宜的人和我道歉，不敢再惹我了。

有些人認為我終於變得誠實，和我化敵為友。

在朋友的勸說下，求助醫療管道，也開始正視自己的過動症需要醫療協助。

●我該改進的地方：

當時在跟大家吵架時，沒有聽朋友的勸，過度反擊，讓自己從被傳謠言的人，變成辱罵別人的人。

因為從小到大被孤立的陰影，自己捕風捉影，覺得大家都想陷害我。

每件事情都「太過」了，不是討好所有人，就是討厭所有人。

覺得自己對別人好，對方就該認真回報，沒有回報就開始情緒勒索。

跟別人吵架時，用「大聲」「尖銳」來獲得暫時勝利。但後來學到：要讓人心服口服，還是要有憑有據才可以吵。

重新思考「可憐之人必有可恨之處」

看完這些「邊緣人總整理」後，你有什麼想法呢？

很久以前，我討厭「可憐之人必有可恨之處」這句話，但現在我慢慢的體悟，這句話的意思不是讚揚加害者或是檢討受害者，而是在說：「可憐的人如果不知道自己正在面臨的困境，那就會加倍可憐；可恨之人如果不知道自己哪裡做錯了，會更加可恨。」

也許我們這樣的「邊緣人」是需要被關愛的，但我認為若不去探討原因，收到再多其他人的愛，也比不上自己願意去正視錯誤。

我認為你的優點是：雖然進步的速度很慢、改進的方式也常常往錯誤的方向走，但你一直試圖改變現狀，這是值得慶幸的事情。也因此，在你最害怕的當兵期間，反而幾乎沒有被任何人討厭。退伍那天，你終於在「團體生活」中交上了一張及格的成績單。

只不過成績單上面，我還是要給你一點「論文總結」：

一、做任何事情都不要過頭，別太過隱忍，也別毫不保留。

二、別變成被害者，也別當加害者。

三、記取教訓，抓住每件事情的重點。

四、不要成天想著要受到那些討厭你的人認同，貓沒辦法和老鷹一起飛翔，魚沒辦法和斑馬一起賽跑。人生就是這樣，不是努力就可以跟所有人變成朋友的。

五、對自己有自信些，不要焦慮，總有一天會有人喜歡眞正的你！

說到論文總結，我要提醒你，寫畢業小論文的時候不要選太難的題目，因為你幫自己取了超級麻煩的題目，所以到了大三都還在為小論文崩潰。痛苦是比較出來的，想到這裡，相較於論文，人緣的問題好像比較不那麼讓人崩潰了。你覺得呢？

現在不用寫論文但趕稿趕到在地上打滾的大坦誠敬上

「圍在一起對我不停指指點點的人，都是我的狂粉」這句話，是我學生時期被邊緣時安慰自己的法寶。

這群人一定是我的狂粉，才會一直緊盯我並議論紛紛……他們把時間花在想我！

這句話也是低年級小孩瘋狂的互相告狀時的好好用咒語。

平靜的崩潰
我知道了，你們一定是彼此的粉絲，才會一直盯著對方，然後輪流和我報告對方的狀況對吧？
我哪有！
我哪有！

這招非常有效。

大三的信

「最感謝的好友」一覽表

給大坦誠——

上學期，我IG小帳號的討拍文被系上同學外流出去，不僅感到隱私受侵犯，我也超討厭這種「隨時有人潛伏」的感覺，所以我就在小帳先發了一篇摯友限動，並附上「接下來我要不顧一切了！事情要爆發了！」的文字，等釣到一堆想看事情爆發的人來看我限動後，立刻上傳五十幾張我的自拍，偷偷追我小帳的人抱著外流訊息的心情來看我限動，結果卻要受我的自拍所苦，被我的臉重複洗版。哈！本來覺得「賺到了」的人，現在應該覺得「快死了」吧？

耶！我贏了！你們再繼續亂傳謠言呀～～

好啦，自己承認，這樣的確蠻幼稚的……

但還是想抱怨一下，我過去很討厭系上一種風氣，就是某些人只認同所謂「文學獎」的書，整天裝文青，說要看海、說詩的意境，覺得不懂這些的人都很笨。很奇怪耶！喜歡看輕鬆的複製文跟網路笑話，喜歡看各種青少年武俠小說，不行嗎？幹嘛要活得這麼「假高尚」？尤其是那些覺得大家都很笨、整天自以為知識份子，自己寫的東西也好不到哪裡去。

朋友要我少抱怨，又不是所有人都覺得我笨，但當時根本聽不進去，因為我最討厭被笨蛋說是笨蛋！我曾經因為學分不夠，跑到臺大修課，在那邊寫了一些輕鬆小品，被那些真正的「高知識份子」認同，覺得自己終於揚眉吐氣：你們看，雖然我不懂文學，但中文系的「文字」應該有很多樣貌吧？

哼！我才不要跟其他人一樣當國小老師，或是讓他們知道我想當作家。我最近已經開始搜尋可以去應徵的作文補習班了，畢業後一年，我一定要成為補教業名師，就是這樣。

好！抱怨完了！我知道這樣很幼稚，但以上眞的是最後的抱怨了！我要分享自己的改變囉！

剛剛提到我去臺大修課，在那兒認識了許多認同我的人，所以我決定去報名臺北市辦的寫作工作坊，希望可以認識更多人。說來慚愧，交了這麼多新朋友後我才覺得：這個世界的人比我想像得更多，自己系上也只有少數是自抬身價的假文青，他們也不是眞的很壞，只是偶爾自抬身價而已，系上還是有很多好人或値得我敬佩的人。

這幾天，文學營要我們回味童年找素材，我開始思考，我的童年到底都在幹嘛？於是我從最近的小帳號自拍發瘋，一路回想到小學一年級跟同學鬥嘴……猛然發現，自己好像花了大半輩子都在跟人吵架耶！可是畢業之後，我又不會跟那些吵架的人聯絡，應該只有朋友會跟我聯絡吧？

明年大四，我就要畢業了，這輩子就算讀研究所，同學也不會像現在這麼多，畢業後找到工作，我就是「大人」了，不知道未來的人生路途，會有哪些朋友還在？

未來的大坦誠，能不能告訴我，有哪些人是一路跟你要好到「變成大人」之後，也依然是好朋友的呢？

大三的大坦誠敬上

給大三的大坦誠——

你眞的很幼稚耶！有一句話是「男人永遠是男孩」，我以前以為男生老得比較快，結果我現在快要變成大叔了，才明白什麼是「不要整天在班上閒閒沒事找人吵架」，原來男人永遠都比較幼稚。但我又想，是不是我幼稚並不是因為我是男的，而是因為我就是我？

啊……說到這個，二十五歲後，我一直在幫以前的你收拾爛攤子：我先是跑去我的國中群組跟班上的所有人再次道謝，謝謝他們當初對我的包容；然後我終於想到要傳訊息給系上那些值得我學習的人，我總覺得我要讚美他們一下，因為以前都忙著吵架，都沒在讚美。我偶爾還會跟那些高中時在我被孤立階段對我伸出援手的人道謝，我在想，這些都是在彌補我以前沒有好好聚焦在朋友上的遺憾吧！

還有你終於想到要聚焦在朋友身上了，雖然你到大三才覺得「校園生活的重心該放在朋友身上」，可能是父母、師長從小到大都在跟你提到這件事，即使之前一直沒聽進去，但心中的某部分卻知道要和朋友保持聯繫，並且對朋友好一些，雖然我也曾惹過我的朋友生氣，但我一直在努力學習怎麼善待我的朋友。

我認為把焦點放在朋友身上最好的方式，就是說出對他們的感謝。所以接下來，我要來向你介紹我不同時期最感謝的朋友們——

國小時期最感謝的朋友

●**暱稱／群組名：**肥孬俱樂部（成員：二號、十號、十二號、十三號）

●**這群／這位朋友的特色：**二號具有領袖能力團結大家，十號品學兼優，十二號隨和熱情，十三號憨厚老實，而且他們全部都又善良又幽默。

●**後來有多常連絡：**升高中時有一起騎腳踏車去淡水，大二的時候有一起去海邊夜衝。這幾年大家各奔東西，等我瘦一點可以見人的時候，我再努力約大家去海邊玩吧！

●**都一起做什麼事情：**國小時期都在走廊上玩相撲，因為我們都很胖，又怕被老師罵，所以我自稱我們是肥孬俱樂部。

●**最感謝朋友的地方：**讓我的國小交友的情商死灰復燃，因為他們，我終於知道交朋友有多幸福、多快樂。

●**踩過朋友什麼地雷：**講話太白目，玩笑開過頭。

●**朋友讓我學到了什麼：**就算是朋友，講話也不能太白目，玩笑也不能開過頭。

國中時期最感謝的朋友

● **暱稱／群組名：**姐妹和阿君

● **這群／這位朋友的特色：**

姐妹：是我的國小同學，國中她很不幸的和我同班，她升上國三後，除了成績一樣優良外，顏值也同樣直逼校花等級！

阿君：是我國一到國三非常重要的朋友，我跟她的笑點非常相似，也很聊得來，而且她想法非常前衛，每次聽她說話我都點頭如搗蒜。

● **後來有多常連絡：**不太常聯絡，但我想到的話，就會想要關心她們。

● **都一起做什麼事情：**一起天南地北的聊天。

● **最感謝朋友的地方：**謝謝她們包容我，以及常常開導我。

● **踩過朋友什麼地雷：**講話太白目，玩笑開過頭。

● **朋友讓我學到了什麼：**就算是朋友，就算大家是國中生，講話也不能太白目，玩笑也不能開過頭！

高二時期最感謝的朋友（1）

- **暱稱／群組名：**孟元
- **這群／這位朋友的特色：**孟元是我看過最有男子氣概的人，做任何事情都非常爽快果決，而且非常樂觀，極富正義感。
- **後來有多常連絡：**大學到出社會第一年常常聯絡，但最近我到外縣市工作，沒什麼機會見面。
- **都一起做什麼事情：**高中時是一起吃飯的好夥伴，上大學常常聊天談心。
- **最感謝朋友的地方：**在我被班上排擠的時候，一直很堅定的把我當成朋友，還有看起來什麼都不太在乎的他，總是會跟我說很多人生大道理。
- **踩過朋友什麼地雷：**常常會有很幼稚的想法，讓他看不下去。
- **朋友讓我學到了什麼：**他總是勇往直前，自己認為對的事情，就會貫徹到底。雖然會罵人，但絕對不會騙人，永遠都有話直說，他教會我如何用善良的心態做自己。

高二時期最感謝的朋友(2)

●**暱稱/群組名：**義宏

●**這群/這位朋友的特色：**有著靦腆的笑容。

●**後來有多常連絡：**他已經在我高二那年去當天使了。

●**都一起做什麼事情：**天天一起在夜自習時讀書，還有拍微電影。

●**最感謝朋友的地方：**謝謝他在我一個人辛苦念書的時候，湊過來說「我也要跟你一起讀書」，讓我壓抑、自殘的生活多了一絲光亮。

●**踩過朋友什麼地雷：**義宏因為又勤奮又帥，吸引了班上一些人想跟他當朋友。由於義宏只主動跟我接觸，其他同學就假裝跟我要好來接近義宏，但當他們熟了之後，卻開始教唆義宏排擠我，雖然義宏沒有聽從，我也因此害怕接近那群人。

●**朋友讓我學到了什麼：**義宏，對不起，那時候班上玩「利用濫好人醜男（註：醜男是我）認識義宏」的遊戲之後，只要我接近你，那群人就會趕忙把你拉開，我以為你一定不會選擇我這種又醜又蠢的人當朋友，我以為不要一直主動去煩你，就是對你最好的祝福。就是這麼多的「我以為」，讓我少了很多跟你一起開心度過高中生活的機會。

可是謝謝你，在你去當天使前一天，還陪我一起打籃球。
你畫給我的畫像，我也一直留著，你走後，孟元還是跟我很好，有一個叫做Mars的人也來陪我打球、陪我拍微電影了，雖然有很孤單的時候，但我遇到了很多跟你一樣善良的人。
我還記得我有一次夢到你的時候，夢裡面是你在很漂亮的楓林裡面散步，那時候把自己的手弄得像商品條碼的我趕忙追上你，我說「我都沒有朋友，你可不可以帶我一起離開？」
可是你居然說：「沒關係，你會有朋友的。」
現在我真的有朋友了，雖然偶爾想起你我還是會覺得遺憾，但你教會我永遠不要放棄找到身邊願意跟我互相珍惜的人，謝謝！

高三時期最感謝的朋友

● **暱稱／群組名：**Mars

● **這群／這位朋友的特色：**學校籃球社的副社長，長得又高又帥，十八般武藝樣樣精通，很受大家的歡迎。

● **後來有多常連絡：**幾乎每天都會聊天，每個月都會出去玩一次。

● **都一起做什麼事情：**吃飯、喝酒、一起去國小教書，還有想要送女朋友什麼生日禮物。

● **最感謝朋友的地方：**他一直都是我的精神支柱，很多我不理解的問題都會問他，他也會傾聽我的煩惱。

我考教甄落榜的時候，他用在飯店工作的員工券把我拉出來請我吃大餐，告訴我無論如何都不要放棄。

我第一次演講的時候他有到，我第一次舉辦簽書會的時候，他穿著印有「大坦誠」圖樣的衣服來支持我。

我的人生中要是他沒出現，我的人格應該不會健全吧。

大學時期最感謝的朋友（1）

●**踩過朋友什麼地雷：**有時候會講錯話惹他生氣，或者是做一些讓他無法理解的蠢決定。

●**朋友讓我學到了什麼：**他教會我騎摩托車、去外縣市的行程、帶我去人生中第一次夜衝、教我打籃球、教我當兵要注意什麼、教我喝中藥、教我找打工、教我訂高鐵、客運、電影票、教我在白沙灣被流浪狗追該怎麼辦，最近還教我怎麼拍照。

●**暱稱／群組名：**張老師

●**這群／這位朋友的特色：**嬌俏甜美、幽默風趣，大家都喜歡她，但因為她罵人的聲音可以穿透兩棟大樓而且可以持續一小時，所以大家也很怕她。常常作夢夢到身邊的人，每次誰被她夢到，誰在現實生活中就會倒大楣。

●**後來有多常連絡：**我跟張老師還有一位黃老師，三人群組會天天聊生活大小事。

● **都一起做什麼事情：**大學時期她和我都因為梯隊的事情槓上一大堆梯隊的人，我跟她發現彼此同是天涯淪落人後，就一起組團到處吵架，還一起被放上黑特國北臭罵，結果吵到最後我們兩個人也吵起來了！

我們雖然經常吵架，可是和好之後感情又會更好。

● **最感謝朋友的地方：**她在我被傳謠言時總會挺身而出，而且非常會照顧人，雖然吵架時她的嗓門幾乎把我耳膜震碎，但我們很要好的時光，總是其樂無比。大四失業又落榜那年，覺得沒有臉面對一直支持我的她，就不敢再跟她講話，但她仍然想盡辦法把我的生存意志激起來。

後來我真正說出自己的想法後，她義無反顧的陪我考上了教甄，我教書的學校也是她幫我選的。

● **踩過朋友什麼地雷：**總是一言不合就大吵，我們曾經有快要兩年不講話，也多虧黃老師幫我們和好。

● **朋友讓我學到了什麼：**她教會我怎麼排版跟正確的使用標點符號、講笑話、跟朋友磨合以及勇敢說出自己真實的想法。

最重要的是教我考教甄，陪我訓練了三天就上榜。

大學時期最感謝的朋友(2)

● **暱稱/群組名：**儒美

● **這群/這位朋友的特色：**長得嬌小玲瓏、十分可愛，看起來文靜，說話風趣、寫字美得像是藝術品、很努力的教書、風評也很好，雖然說自己有拖延症，但就像小仙女施魔法一樣，花一、兩個小時就能做出別人要做十個小時的成果。

● **後來有多常連絡：**每天都會傳訊息或打給她。

● **都一起做什麼事情：**以前會一起讀書，現在都一起逛街、吃飯、聊天，還有做不需要動大腦的事情。有一次要去宜蘭找她一起跨年，結果我在騎去她家的路上被貨車撞，所以我們一起在宜蘭的急診室跨年。

● **最感謝朋友的地方：**她導正了我的人格，大學時期和善的開導我，讓我願意去看醫生，因為她的以身作則和教誨，我才願意讀書、實習，並考取教師證。

總之，她在我人生最艱難的時刻一直陪伴我。

失業期間最感謝的朋友

●**暱稱／群組名：**青霞

●**這群／這位朋友的特色：**是走在路上人人都會讚嘆她顏值的大美女，知書達禮，熱愛文學，講話字正腔圓、鏗鏘有力，但對大家又很溫柔。工作能力強到每位同事、每個學生都被她收服。

●**後來有多常連絡：**現在因為她去高中教書，比較不常聯絡。

●**踩過朋友什麼地雷：**常常會有蠢想法、被她糾正時會惱羞成怒、一直吵她、每次約她出去外縣市玩時我都把行程排得很爛，她喜歡動腦的行程，但我討厭動腦。

●**朋友讓我學到了什麼：**如何好好的當個人類，不要當一隻整天亂哭亂叫的豬。

● **都一起做什麼事情：**她在我失業、打零工時，不僅常常帶我去吃飯、散心，還擔任大坦誠的「小編」，陪第一次當網路創作者的我經歷大風大浪、陪我去出版社簽約。我當兵的時候幫我接洽大坦誠的各種聯絡窗口。

● **最感謝朋友的地方：**她陪伴我度過我最沒自信的那一陣子，並且給我很多的鼓勵，要是那陣子沒有她的支持和陪伴，我可能會變成啃老族，不敢再跟外界有接觸。

曾經當過我的編輯幫我修稿。（大家都知道當編輯很辛苦，所以她很偉大。）

● **踩過朋友什麼地雷：**做事不考慮後果、落榜期間亂生氣，總是不聽她的勸告。

● **朋友讓我學到了什麼：**像她這樣各項指標都很完美的人都常常檢討自己、想要念書充實自己，而且還這麼謙虛，我這種半調子的人也要跟她一樣有這麼好的態度。

成為老師之後最感謝的朋友

●**暱稱／群組名：**女孩愛自己成員（朵拉、蜜蜜、喬安娜）

●**這群／這位朋友的特色：**

朵拉：優秀的公費生，文武雙全樣樣精通，有用不完的活力，還有非常爽朗的笑容。

蜜蜜：講話輕聲細語的小仙女，無時無刻都很理性，但會跟大家分享很可愛、很少女心的東西。

喬安娜：才華滿溢的大美女，是系上公認的超級資優公費生，寫論文得獎、寫感言惹哭人、寫笑話會讓人笑倒萬里長城，而且教學能力非常厲害，可以把石頭教成人類的那種等級。

●**後來有多常連絡：**一個月會有幾次。

●**都一起做什麼事情：**大學時期會一起吃喝玩樂當然還有讀書，三周實習的時候會聚在一起聊天，還有謝師宴一起籌辦餐會。

●**最感謝朋友的地方：**朵拉會陪我去看鬼片，蜜蜜會跟我聊心事，淇涵會幫我分析人生方向。她們在大學期間都很優秀，但卻願意跟我這個笨蛋當朋友，而且還會說我很願意為朋友付出。她們在我當老師之後，教會我怎麼當老師。

●**踩過朋友什麼地雷：**大學時期總是愛跟人吵架讓她們擔心，還常常莫名其妙的退群組，不然就是去群組傳一些很醜的自拍和莫名其妙的複製文。

●**朋友讓我學到了什麼：**從她們身上我看到當老師最偉大、最讓人佩服的樣子。

我是幸運的邊緣人

很高興你願意開始更加聚焦在朋友身上，如果你要問我如何維持友誼的話，那就是勇於認錯、真心改過，以及願意跟朋友雙向付出。當然，不能只有其中一方單向奉獻，不要只當接收的人，也不要只當給予的人。對了，也不要邀朋友去做一些奇怪的事，例如問他們要不要學唐老鴨嗆到口水之類的，沒有朋友會答應你。

寫到這裡，忽然覺得自己雖然是邊緣人，但都遇到很多很好的朋友。我覺得自己幸運，但並不覺得自己厲害，因為厲害的是這群願意接納我的朋友們，我頂多只是幸運而已。

我在想，等等將畫好的貼圖用 Line 送給我的朋友們，再問他們願不願意讓我寄我寫的書過去，然後找時間，上山去看看義宏好了。

非常幸運的大坦誠敬上

校園生活最重要的16位朋友
義宏
姐妹
張老師
朵拉
青霞
阿君
喬安娜
13號
蜜蜜
孟元
12號
10號
2號
儒美
Mars
黃老師

大四的信

社會大學的大夜班校外教學

給大坦誠——

我覺得我快要沒有未來了，原本不是這樣子的。

我離開實習學校時，已經拿到教師證，甚至還拿到教育部的獎狀，也規劃好自己未來的每一步。我打算一邊去補習班當作文老師，一邊準備教師甄試，如果教師甄試上了，那就帶著我的鐵飯碗開心過日子；沒有正取，就先當十年補習班老師，然後開一家屬於自己的補習班。

我覺得自己沒什麼比天還高的教育大愛，純粹只是想證明自己，不想輸給討厭的人，也不想被喜歡的人看不起。

一開始我的計畫順利進行，有許多家補習班聘用我教課。那陣子的我走路有風，因為補習班不但幫我取了個很酷的補習班藝名，提供我高鐵車票並請專人接送我去教書，我寫的教材被印在精美的講義上面，看起來架勢十足。此外，我還有專屬辦公室和助教，我說什麼話，學生都會認眞做筆記。

然而，正當我覺得一切順風順水超順利的時候……新冠肺炎狠狠打擊了補習班的生意！我努力的想幫補習班保住學生，但小型補習班倒了，大型補習班率先開除了資歷最淺的我，直到我兩手空空，才發現連自己都保不住。

但當時的我並不絕望——因為，還有教甄啊！

我沒時間為了失業而難過，我知道難過沒有用，所以全心投入教甄，開始沒日沒夜的念書，果然以不錯的成績進入初試。只不過進入複試之後，太過緊張的我像是無頭蒼蠅一樣瞎忙，導致努力的方向錯誤，我花時間在做精美的教具，考教甄的前一個晚上，完全沒闔眼過！

試教順利過關，只不過，熬夜、緊張、焦慮的我，在面對評審的犀利問題，徹底慌了手腳。就這樣，我在教甄落榜了！

補習班失業加上教甄落榜，讓我被爸媽流淚責備、讓我的朋友錯愕不已，覺得自己超級失敗，也覺得過往嘲笑我的人會再次輕視我。說真的，連我也十分輕視自己，甚至輕視了寶貴的生命。我還記得落榜後的幾個夜晚，我會一邊大聲唸著教甄正能量口號，一邊抄著沒有我名字的正取榜單，然後拿出美工刀在手上做出了很傻很傻的事。

後來，我被我的好朋友Mars和青霞拖出去散心、要我去看心理醫生，情況才有所好轉。可是，落榜到現在我都沒有工作，我覺得人生好像暫停了——更精確點來說，我的人生是一艘破爛的佩佩豬花紋小紙船，我滿心期待的向大海出發，卻發現自己根本沒那個航行的能耐，只能被海水泡爛，沉到水中，我連船都不是、連廢紙都不是，甚至連佩佩豬也不是。

這幾天，我在整理書桌時，看到自己準備教甄時寫到沒水的原子筆筆芯。

這些筆芯是我原本要拿來當成我考上之後，回憶過去努力軌跡的紀念品，但我真的覺得自己的過去一團糟、現在一團亂，未來註定也不會好到哪裡去。我的人生，不就是沒水的原子筆筆芯嗎？明明沒水也沒用了，卻還自我感動的自抬身價，覺得自己充滿紀念價值，到頭來只是一堆被掃到邊緣的垃圾邊緣人而已。

我把原子筆筆芯空殼拿去丟掉後，也把自己的教師夢給丟了。不瞞你說，這幾天我找了大夜班的工作，我知道討厭我的人發現我在做大夜班一定會洋洋得意，覺得我受到報應，我猜未來的你，高機率也只能做大夜班或者是乞討，但我很自私的希望你繼續活下去，就算沒尊嚴也沒關係！我遇到有些教授跟老師曾說，教甄落榜的人沒資格擁有尊嚴，所以我知道我不配，我以前是校園邊緣人，現在就是四處打零工、活該被唾棄的社會邊緣人。

祝 得以苟活。

大四失業的垃圾大坦誠敬上

給大四的大坦誠——

是啊！你做的那件很傻的事，讓我留下了難看的疤痕，卻沒有奪走我的生命。在差點登出人生的前一刻，我才知道自己無論如何都想活下來。

因為落榜、教甄，你的失業期拉的很遠，遠到你以為你這輩子就這樣，也遠到你發現這輩子不只有這樣。你現在會崩潰，只是為自己的失敗而羞愧、因別人的觀感而恐懼。其實你一直都有想要去外面闖盪的心，你在大四畢業的時候曾經害怕這輩子就只能當老師、沒辦法體驗別的生活，所以這幾份不同的打工，雖然是在絕境之中找到，但你確實靠它們短暫體驗了不一樣的人生。

下面這份表格，是我從你的日記裡面整理出來的。要是你真的對於大夜班如此痛恨，哪會如此詳實記錄當時的生活？你看起來做得蠻開心的，還說做大夜班就不用考教甄跟寫教案了，「口嫌體正直」的人是你吧？

書店以及百貨公司海報黏貼人員

● **工作內容：**在凌晨三點幫個人工作室的老闆到各個地方貼海報。

● **工作心得：**這是我的第一份大夜班工作。本來很緊張，但很幸運遇到超級無敵親切的老闆，他年紀輕輕就自己出來創業，讓我覺得很厲害。第一次在午夜搭著貨車和老闆奔馳在臺北街道上，連平常最擁擠的高速公路都好像是我們專屬，覺得蠻詩情畫意的。

● **我的收穫：**身懷獨一無二的技術，就可以出來當老闆，但不能怕吃苦。原來貼海報最難的是「對準」，而且手還會被割傷。老闆薪水給得很大方，還分享很多他的人生經驗，雖然一直在講當兵，而且有些部分我聽不太懂就是了。

工廠大夜班

● **工作內容：**在物流工廠把一件件包裹迅速、永無止盡的放上車。輕的包裹要不停彎腰、起立放進大籃子，重的包裹要彎腰抬起，放到巨大貨車後車廂的運送帶，再拚命推上去。這些動作需要從晚上九點做到隔天七點不斷重複。此外還有冷凍櫃，冷凍櫃的手套又重又臭，也要瘋狂的起立蹲下拿貨，還要把手舉到最高來排貨。

● **工作心得：**工廠大夜班讓我賺得還算多，但我這輩子真的再也不想來這裡了！連續好幾個小時的搬貨折磨讓我氣力用盡，教甄落榜的痛根本沒這麼痛了，痛的是我的手臂和我的大腿，還有我熬夜後身體的各器官。工廠裡我最討厭的人是毫無邏輯、不把人當人看的工頭，以及仗勢欺人的老鳥，最敬佩的是一位年紀輕輕就來大夜班的弟弟，還有面惡心善的大伯，那個大伯看起來很兇，可是教我抬重貨的時候很有耐心。

● **我的收穫：**以後我會珍惜我收到的每個包裹，物流理貨太累了。原來各個地方都會有惹人厭的老鳥。這個地方沖淡了我心中落榜跟失業的痛，因為我的心中只想著「我快要死了，什麼時候工頭才會讓我們休息？我快感受不到四肢了。」認識了一些我還算敬佩的人。

餐廳尾牙、婚宴端盤子服務生兼洗碗工

- **工作內容：**從下午五點做到晚上十一點，幫忙端盤子上菜、幫客人打包、洗碗、倒客人的廚餘、場地回復原狀、不停擦桌子。
- **工作心得：**據日記內的記載，我似乎很熱愛這份工作，而且覺得這份工作比當老師還要有成就感：紅蟳米糕不會像小屁孩要死不活的寫完爛作文後還要我來改；客人不會說要到校長室告我，頂多吵著要打包；洗好碗後不用開教學演示檢討會議，場地復原後不必設計學習單；尤其最喜歡大家一起同心協力，把場地回復到煥然一新。
雖然領班有時候會突然飄出來吼人，而且同事都是稀奇古怪的人，但這份工作超級有趣。
- **我的收穫：**就算知道此地非久待之處，但在尾牙當工讀生的時間裡，我獲得了某部分的心靈慰藉。
這份工作讓我覺得自己沒有這麼差。成員中有個新來的酷哥，除了把高中猴子那套用在工作場合上讓他看起來很可笑外，還會在大家很忙時硬要脱上衣、露肌肉耍帥，然後沒有半個人理他，甚至有些人還皺眉。

我好想告訴他：這裡又不是康輔社，大家又不會為了你的腹肌尖叫，你露肌肉幹嘛？酷在這裡是行不通的唷，不如幫忙同伴整理廚餘！了解餐廳的內場運作，看到一道道豐盛的佳餚是如何被做出來、端出去。

有時候會多出一些精緻的點心，例如燒賣、叉燒讓我們一飽口福，還可以把客人吃剩但還算乾淨的東西打包回去吃。有位洗碗工阿嬤會請那些沒抽菸的人吃蛋塔。

工廠大夜班

● **工作內容：**在過年前夕的花市理貨。從晚上九點做到隔天凌晨七點，要在過年前夕的寒冷冬天，去花市二樓的冷凍櫃扛出一箱又一箱的花，再一箱又一箱的包起來。總而言之老闆娘說去市場的哪裡拿花，就跟著工頭大哥去扛，偶而還會幫忙運送花，但因為運送花時坐在副駕駛座上的我整個人累到睡著，後來司機大哥就不讓我坐副駕了。

● **工作心得：**一籃籃繽紛亮麗的花真的很美，可能是花真的能夠陶冶身心（或者是天氣真的太冷，連刺龍刺鳳、看起來不好惹的同事其實都非常斯文友善。）但是扛花也是很辛苦，除了十個小時無窮無盡的抬東西抬到手腳抽筋外，整個花市濃厚的泥土腥味及草味真的讓我暈頭轉向，再加上我們要在花店站崗，中途會突然像是校園嬌娃一樣被老闆娘呼喚去各種奇怪的角落拿花，讓人想睡又不能睡，不能睡又覺得好像該睡。

● **我的收穫：**認識不少花的知識，例如劍蘭真的很貴。

以後去花市買花不會再嫌貴了，因為扛花扛到眼冒金星了。

學會把不規則的東西打包成「有稜有角」的樣子。

雖然壓縮了過年的時間，但我賺到給阿公阿嬤的紅包。

在花市當搬花人員時，可以在一片花海中迎接早晨，其實也蠻浪漫的，但這種浪漫，我應該不會想要再經歷了。

此外我還做過婚禮場佈、演唱會護城河，但都只有短短幾次，所以我就不提了。

總而言之到處打零工就像當兵一樣，值得體驗一次，但因為太累了也體驗一次就好，這就是我打零工、做大夜班的心得。

大夜班的心得與終點

大夜班的各種技能真的非常實用，讓我教書時也能用到。

例如貼海報讓我學會如何更快速的布置教室；

物流工廠和花市搬花讓我變成搬教室高手；

尾牙內場和洗碗工讓我更加知道怎麼讓學生分工合作，以及怎麼和其他老師有良好溝通。

你知道在大夜班除了一些實用的技能外，讓我覺得最有收穫的是什麼嗎？是我發現所謂的成功，不是中文系的我羨慕的「得到文學獎」，也不是教育大學的我嚮往的「應屆考上教甄」，而是我看見有些人口中的「社會邊緣人」努力活下去的態度。

他們的外表一點都不讓人羨慕，從事的行業也沒有高尚頭銜，卻有著讓人敬佩的內在。

我遇過有輕微殘障還拼命端盤子養女兒的單親爸爸；

遇過來當演場會保全的小咖歌手；

遇過比我年輕卻要扛起家計的大夜班青少年；

遇過雖然自己很窮但很努力照顧每個工讀生的洗碗工阿嬤；

還有講話粗聲粗氣卻對每種花卉的包裝瞭若指掌，手也很巧的搬花大哥。

這些「社會邊緣人」讓我敬佩，也讓我慚愧，他們的處境如此艱難都不放棄求生了，而我卻為了失業和落榜想要自我了結。

真的太傻了。

看著他們頑強生存的模樣，我也覺得我該做自己想做的事，像他們一樣，努力走出自己的路。

因此，我決定要重新動筆，開始為這些「頑強生存」的人物寫故事。

大夜班的終點，圖文作家的起點

雖然我把許多「頑強生存的社會邊緣人」當成「英雄」，但他們常常會因為外表和家境，被人當成遜咖。

畢竟，在這個社會，被大多數人羨慕的人，才有當英雄的資格。

沒有人想看遜咖的故事，連ＩＧ網紅的限動都只會分享很會打砲或很有錢的帥哥美女的經歷，哪還有遜咖的版面？

於是我告訴自己：如果沒人在乎遜咖，就讓我來在乎吧！

我認識的英勇遜咖有很多，
有沒考上第一志願的資優生；
被婆婆欺侮的媳婦；
被室友搞瘋的寢室長；
被大姊大嚴重霸凌的書呆女；
被組員雷到不行的同學；
被逼著「Man 一點」的男同學……
我以為沒人會在乎我們這些遜咖，但就在某天，這些遜咖的事蹟，因為一篇故事而改變。
那篇故事叫做「最高的地方」。
故事主角是一位沒考上第一志願的資優生。
我本來只想寫給跟我一樣落榜的人看，但我沒想到這篇文章被許多公眾人物轉載，獲得了三千多次的臉書轉貼、五萬多次的 I G 分享。

我這才知道，故事主角被成績逼迫的痛，有好多人也經歷過。

當時蜂擁而至的私訊、媒體邀約和急速增長的粉絲人數，有點嚇到我了，當我還在適應「打工男」的生活時，卻多了「網紅」的身分。我本來想要就此收手，因為我不知道能寫到什麼時候，但「很遜卻活得很用力」的故事投稿越來越多，也有越來越多遜咖向我道謝，說被我鼓勵到了，我只好一直寫、一直寫，還很幸運的收到出書邀約。

後來的日子裡，我寫書、寫專欄，和歌手、藝人合作，出自己的周邊商品。

很久後的某個夜晚，我才發現我原本認定的人生墳墓，卻是我眞正夢想的起點。

不必害怕未來，因為未來總是會來

以上，就是我的「失業歷險記」。

走上和中文系完全不相干的大夜班之路，繞了一圈回來，變成了作家。

對了，我曾經在社群上發表過一篇《中文系素人生存守則》，裡面有段話是這樣寫的：「中文系畢業後，沒有什麼明確的標竿可以完全對應我們所學，但就是因為沒有明確的標竿，我們才能恣意的往各樣道路去奔跑，因為每個職業都會需要用到文字。所以畢業後，你會看到自己的中文系同學們在各個地方頑強生長、努力綻放。」

雖然我的落榜和失業與中文系無關，但這就是我想告訴你的話：「既然沒有目標，那就可以肆意奔跑。」

肆意奔跑，不正是你曾經渴望的嗎？

在大夜班的日子裡，我遇到了非常多肆意奔跑的社會邊緣人，這些人獨有的信念都是光芒，透過這世界的各行各業，折射出不同種動人的姿態和色彩。

所以我相信，當你擦乾眼淚，嘗試不同的路、一步一步往前走時，你也會發現自己身上有著不一樣的色彩喔。（書賣不好的時候，我也會這樣安慰自己！）

祝 路途精彩

說到色彩，覺得唇膏色號「西柚蜜桃果茶」色感覺很好吃的大坦誠敬上

特別提醒：自殘自傷是危險行為請勿模仿，必要時請尋求心理諮商專業人士協助。

青少年時期最討厭
硬要秀肌肉的猴子
煩……
好臭……
咳咳
咳咳
去飯店打工要換工作服時，又有肌肉猴硬
是打赤膊故意慢慢的到處走來走去。
唉……又是這種……
直接開罵
是怎樣？其他人都在等你，你薪水要分他們嗎？？！
我們的經理
わくわく★
心跳心跳★
肌肉猴……
肌肉猴被制裁了★
我得到情緒
價值♥
以上就是失業打工時
得到的精神寄託。

社會篇

最後我還是成為了國小老師

退伍後的信

班上容光煥發的混血兒們

給大坦誠——

剛簽下第一本書之後，我的兵單就來了。

這眞的是崩潰到不行的事情，好在此時此刻我終於成功退伍了。

可是我在軍中做了一個瘋狂到不行的決定——

我覺得過去的我會想殺掉我，未來的我會想罵死我——

我要回去國小教書了。

容許我再強調一次：我要回去國小當老師了。

對不起，我要去當教授跟師資生還有一堆教甄補習班口中所謂「最卑賤的代理老師」。

你可以說我瘋了，但這背後真的有理由。

我在軍中認識一個叫做杰寶的人，就是他讓我想要當老師的。

第一次對杰寶有印象，是剛下部隊，我去後崗掃落葉的時候，我深刻的記得，那一天是剛下完雨的狗屎天氣。

就在我心情糟糕至極的時候，杰寶帶著天真的笑容出現了。他開開心心的說：「我要來幫忙掃地。」杰寶正直又陽光的形象深深的震懾了我。

我很誠懇的想著：「當兵還這麼開心，一定是個怪人。」

後來我的鄰兵告訴我，他之前跟杰寶同班，杰寶是他們班的班寵，連很兇的人都對杰寶特別好。鄰兵還說：「杰寶很會唱歌喔！」然後杰寶就開開心心的走過來，我以為他要唱什麼左手右手一個慢動作，結果他居然用超成熟的聲線唱了林宥嘉的〈兜圈〉。

真的太厲害了！

杰寶是永遠都帶著微笑、一直幫忙顧槍、打掃認真到不行的小天使。我以為他是家教很好才這樣，年紀輕輕就進來可能是之後要出國念書。某一天午休我問他為什麼要當兵？之後是要去讀哪裡？

他這才告訴我，他進來當兵是要跟別人聊天的。

我聽到的第一個想法是「還好我不是最怪的，他比較怪。」第二個想法是「他該不會是要到處借錢，才到處找人聊天的吧？」沒想到，他繼續說：「因為我的媽媽很早就過世了，她過世後，家人們好像沒有開心過了，家裡的人越來越少，所以我想來當兵，這樣會有很多人陪我說話。」

這顆洋蔥來得猝不及防。

我用力把眼淚縮了回去，說：「那以後你常常跟我說話好了，我可以成為跟你聊天的好朋友。」

接著我開始在假日會帶他出去玩，還會經打給他阿嬤，跟他阿嬤要資料去幫他辦證件。我無法想像一個從國中開始照顧自己的杰寶，是怎麼在少了這麼多東西的情況下撐下來的，但我莫名希望自己可以帶他去體驗很多他本來就該體驗的事。

好笑的是，我在郵局幫他辦證件時，還被以為是誘拐他的大叔，眞丟臉！我當時來當兵的目的，其實是逃離自己害怕的教職。

你想想，當學校老師除了被命令不能做這個、做那個，還得面對吃到炸藥的家長以及不知感恩的學生，當補習班老師才是爽賺吧？可是看著杰寶，我就覺得，是不是在一堆糟糕的青少年中，還有一個獨自面對險惡環境的善良小孩，等著被人發現跟照顧呢？

但杰寶也不是不會照顧人，他其實很貼心，除了很會打掃外，還會主動叫醒午睡中的鄰兵們去集合。

在這段期間，因為杰寶要去考就業考試，我教師魂上身的開始教他功課，而他也超棒的考試過關！那週放假，我載著他到處玩，在某個觀光景點閒晃的時候，突然想起以前帶國小生去木柵動物園玩的日子。

我在心中自嘲，當年不是常常嘲笑國小老師要帶校外教學嗎？

這下子怎麼自己又帶了一個臭小孩出來玩？

但我又想起教育大學教授說過的一句話：「就算無法教得了全班學生，但只要找到五個需要幫助的小朋友，那教學就不算白費了。」

當時還是正能量男孩的我想著：「可是我根本教不了所有人，怎麼辦？」可是杰寶讓我明白，教育的意義根本不是你讓大多數的小孩都避開災難，顯示自己不平凡，而是身為平凡人的你救了一個值得救的小孩，讓他不遇到大多數的災難。

想到這裡，我就問走在前面東張西望的杰寶快不快樂？

他很高興的大喊：「快樂！」

看著他燦爛的笑容，我突然有點想哭，因為我決定回我最討厭的學校當老師了。但我想哭的原因約略有百分之八十七是因為我又要回去佈置教室、改作業跟寫教案了，眞是嘔嘔嘔！

而我想當老師的原因，就是我要在一群正常人裡面，幫助那些被認定不正常的孩子，讓他和其他孩子一樣，在這個正常世界裡找到快樂，不要孤孤單單的當邊緣人。

很快的，時間來到我退伍那天。

我比杰寶早退伍，退伍那天我穿著便服，杰寶跑來愣愣地看著我，我想到以後就見不到他，我就叫他好好照顧好自己，我的下一句話本來是「被欺負就把牙膏擠進猴子的鋼盔裡」之類的幹話，但我來不及說完杰寶就哭了……

害我也跟著哭。

結果我們退伍後居然還是見面了，我帶他逛木柵動物園還有士林夜市。

最重要的是，假期過後的隔天，我就要去國小面試了，如果我面試成功，這將是我步入社會的第一個工作，雖然大家都說當兵後，就是出社會了，可是我隱隱約約的覺得，知道要怎麼保護別人，才是出社會。

我現在正在努力地學會保護別人，所以……所以，祝福我吧。

希望你不要太責怪我。

祝 如果不喜歡當老師可以早點逃脫。

剛剛退伍的大坦誠敬上

給退伍後的大坦誠——

曾經有些時候，我會覺得當老師不快樂，但我從沒有後悔當年一退伍就去當老師的決定。

當老師的點點滴滴，需要你自行體會，我知道你當老師的初衷，是「要在一群正常人裡面，幫助那些被認定不正常的孩子，讓他和其他孩子一樣，在這個正常世界裡找到快樂」，所以我要跟你說一個和你的初中有關的故事。

現在我考上正式老師了，我在偏鄉教書，而我們那位「在正常人中被認定為不正常」的主角，是我們班上的台越混血小孩。

你可能會覺得很荒謬，血統怎麼會是被嘲笑的理由？

但事實上，我們班那位越南混血小孩從三年級開始，就一直被笑是越南人。

我聽了很生氣，甚至笑他的還有菲律賓混血、原住民跟客家人（這幾個族群我上課都有特別介紹他們的優點），我就覺得很糟糕，所以我就嚴禁他們四年級再這樣，我有空的時候還會給他們介紹越南文化，我還說現在各個國小很歡迎越南語老師，還有人花錢去學越語。

但那個小孩還是很自卑。

因為不知道是誰起頭的，有一堆別班的白癡會跟那個小孩說「我媽說你媽是越南人！」我聽到後內心只覺得「請你和你媽他媽的閉上嘴巴好嗎？」

就叫這位越南小孩「小B」好了。

「免寫日記券」背後我想扭轉的事

有一次我在路上看到小B跟阿嬤一起走，我就去打了招呼，結果身為正統越南人、不會講中文的阿嬤一直很想跟我聊天，所以一直叫小B翻譯。

小B猶豫了一陣，輕輕靠在他阿嬤身上，用流暢的越南語翻譯我說的話。聽到如此流暢的異國語言，我驚呼「你怎麼這麼厲害，好像魔法喔！快點跟阿嬤說老師說你好厲害。」他阿嬤聽完翻譯，眉開眼笑的。

於是隔天我把小B最想要的「免寫日記券」在全班面前頒給他，事前我還偷偷問他，我可不可以講昨天遇到他的事，他很害羞的說好。

我跟全班說小B除了孝順幫阿嬤翻譯外，還一次努力學兩種語言很了不起，拿到免寫日記券是因為他已經努力學兩國語言了，可以休息一次。

全班聽到他有這樣的才華，紛紛投以敬佩的目光。

另外我又指出，因為國籍而嘲笑別人的，都是徹底沒優點、只有國籍可以優越的可悲東西。在那之後，小B露出靦腆笑容，還跟我聊他的越南話題。

只是讓我想不到的是，下課後，那個曾經笑過小B越南血統的菲律賓混血女孩怯生生的走了過來，小小聲說，她媽媽每次來臺灣講菲律賓話都會被路上的國中生笑，她剛剛才確定那些笑她的人是錯的。

原本她以為那些人很糟糕，可是笑她的人越來越多，她開始覺得，那些人是對的。

沒想到她背後有這樣的原因。

我就說「沒有，妳有兩種國家的優點，其實會有很多人羨慕妳喔！」她很開心的說：「那我下次要大聲的對他們講『關你們屁事』！」我雖然很想說「好啊！最好噴爛他們」，但我還是告訴她：「別講『屁』，就先從給媽媽一個大擁抱開始吧。」

於是她欣然同意。

這個班上多了一名容光煥發的混血兒，並且又少了一名壞人。

從「補寫作業」冒出頭的小作家

你以為我們班的小B，從此就快快樂樂，品學兼優嗎？

錯！這又不是童話故事。

小B雖然快樂了許多，但聰明的他，還是會常常懶得寫作業，常常被我叫去補寫作業。

可是就是因為「補寫作業」，小B變成了一名小作家。

那天小B被我叫去補寫作業，他忽然坐在位置上振筆疾書，其實他只欠了我五十個字的日記，但是他告訴我這有上下兩集，我以為他在說謊，結果看了他寫的上集，居然有三百多個字，主題是在「越南的生活」，我從不知道他的感情原來如此充沛。

尤其是我看到他寫了「有買一棟屋子在那邊住的地方是家、有一起遇過多多少少的事情的地方是家」的時候，我覺得這是我讀過最棒的文章。

我以前的編輯建議我拿去投稿，小B也躍躍欲試，最後他修改了文章、經歷層層關卡，成為了眾多都市高年級小孩之外的，唯一來自中部的中年級入選者。後來報社寄了證書、獎品，學校也送了鉛筆和禮券。

後來學校在朝會時頒獎給小B，小B上臺領獎的時候左顧右盼，因為他從來沒有單獨上台領過獎，所以看起來非常錯愕。領完獎後，我在大家面前幫他把報社給的吊飾繫在書包上，全班同學都為小B熱烈鼓掌，那一天他整天都笑瞇瞇的。

我告訴班上小朋友：「在別的縣市，也有一些新住民小孩被人指著大喊『外勞、菲傭、僕人』，老師覺得非常難聽。我在想，小B的文章可以越過層層關卡，相信是感動了很多人的心。老師除了感謝那位編輯朋友的鼓勵投稿外，也很高興現在換我們班的小朋友當主角啦！以後你們也要多寫一點，讓自己變成自己生命故事的主角，就像我也好想再交一次我自己的稿件給編輯看那樣！」

我也是正常人中的不正常人

講到這邊我覺得我該閉嘴了，因為我最討厭「作家大坦誠」這五個字出現在我的教室裡。

因為「作家大坦誠」的身分，讓我成為正常老師中的不正常人，有些莫名其妙的老師會說：「你一定是作家當得太失敗才來當老師。」

「老師怎麼可以當網路作家？」

「你是不是會在直播裡面打小孩？」

我原本以為我不在意這些謠言，但後來我發現，明明寫教育專欄和出過書都是值得開心的事，我卻開始害怕其他老師知道，我就是大坦誠，因為我害怕被別人誤解，害怕丟臉。

可是時至今日我才明白，就像故鄉還有家的定義一樣，那就是我，無論如何都是我。

所以我告訴了教室裡的孩子，大學畢業後，我考什麼試都失敗了，教書的補習班也倒了，所以半夜去搬貨，當過洗碗工，賣過花，還當了一陣子作家。

而我沒有告訴他們的是，我就是作家大坦誠，因為我不想讓孩子因為我「好像有名氣」而聽我的話。

所以我說：「可是，我還是最喜歡當老師，所以我來這邊，遇到你們，我喜歡看小朋友用心寫的文章。」

還有我也沒說的是，第一次收到出書邀請的時候，是個寒冷的冬夜，搬貨讓我全身發熱。工頭宣布休息時，我的皮膚在冷空氣裡面散發淡淡的煙，看著煙消散在空中，我忽然覺得自己的人生是不是從此就要這樣了，我再也當不回過去的我。

接著，過了十分鐘，我破舊的手機開始發燙、震動，然後，我收到了出版社的邀約。

從那之後，我的人生真的再也不一樣了。

我原本以為大坦誠就是個阻礙我教學的東西，可是編輯讓我知道，任何人的欣賞，都可能徹底改變某個在冬夜裡發楞，不知道何去何從的人的一生。我想起作家小B領獎的樣子，還有他第一次被我發現會講越南語的表情，我都知道，即使我們沒有了不起的功績，我們的人生都會因為這些欣賞跟改變，不會再過得像昨天一樣。

這就是作家大坦誠和作家小B的故事，也是兩個「在正常人中，顯得不正常的人」找到快樂的故事。

當邊緣人也能夠拯救邊緣人

比起跟你報告杰寶的近況，或是和你抱怨當老師的後悔時刻，我總覺得，和你分享這些故事，會對你比較有幫助，因為我有照著你的期待過日子。

我在想，就是因為編輯在你最慘的時候伸出援手，使你對生活又有了希望……你才會一直想要幫助或是欣賞那些「在正常人中的不正常人」，因為這讓你感受到自己也是有力量的，得以再次回味當年充滿希望的感覺。

所以，我們繼續努力吧！

最後的最後，套用一句我們班小作家的話：「好看的故事都會有上下集。」

我相信我們的教師生涯會是一系列很棒的故事。

我已經在寫上集了，你呢？

祝 不要被教召

班上有小作家的四年級導師大坦誠敬上

你要成為我們的專欄作者嗎？
邱小雯老師
成為專欄作家，是感動。
好啊！好啊！好榮幸哦⋯
而教出專欄作家——
老師，我得到專欄作家的證書了！
證書
××國小
○○○同學
擔任本次
專欄
小作家
四甲YOYO
——是「感動」中的「感動」。
我為你感到驕傲!!你好棒哦!!
特別感謝：杰寶、
邱小雯老師、
四甲的YOYO。

第一天當老師的信

敲醒我的，大學同學的那通電話……

給大坦誠——

你現在還有在當老師嗎？第一天當導師，下班時覺得自己快累死了！所有的事情都跟我想像得不一樣！

一退伍，我就興沖沖的跑去應徵代理老師。我覺得自己好勇敢，我現在要去擔任教育大學師生口中「注定得不到幸福」的「流浪教師」了，我以前最怕的就是這個名字被安在自己身上，可是當我鼓起勇氣打開代課教師網，用丟骰子的方式決定去某一間我從沒去過的學校時，騎著電動出租車去面試的我，彷佛是個無畏的勇者。

匆匆準備教案與結束面試後，走出我即將任教的學校大門，我知道，我快要成為一名國小老師了。我一直都記得我回頭看了那間學校的操場，發現天空十分陰暗，但我內心已經想像出一片美好的藍天。

只是終於盼到正式接手班級的那天，我滿懷期待走進教室，卻發現雜亂的教室裡面，小朋友鬧哄哄的在追逐吼叫。我花了一個星期把教室從頭到尾刷乾淨，還做了一個超大的紙板城堡，貼在後面的布告欄。

開學前一天，教室終於都布置好了，一切都閃閃發亮。我現在是老師了耶！聯絡簿要出什麼呢？好久沒有寫板書了，我在黑板上寫了幾項作業，我擦了又重寫，寫了又重擦，未來我會遇到什麼事呢？一切應該都會很不錯吧？

身為一個有儀式感的人，我非常想要留下第一天的美好回憶。可是第一天的學校開學日就像含在嘴裡的跳跳糖，躁動、雜亂、一下子就融化消失。唯一記住的是小孩的吵鬧聲，還有輪番進來班上交代事項的行政人員以及小朋友的問東問西，所有精心布置的東西都被打亂。我渾身痠痛、喉嚨沙啞，這是我唯一記得的事。

後來，我又意識到一件殘酷的事實：我接手這個班是三年級下學期，算是後母班。班上有三個情況頗為嚴重的特殊生，再加上其他小惡魔們各有各的劣行，讓原本的老師帶到一半就退休了。

而現在，我也想退休！

這群自信莫名，卻又莫名其妙的臭小孩，天天上課玩鬧、傳紙條、亂講話、鬧脾氣，好聲好氣就放肆，嚴厲制止就放聲大哭，重點是好多父母都告訴我不能用罵的，因為他們的家庭倡導「愛的教育」。

我每天上課上到一半都會有臭小孩插嘴，一整天下來還要應付家長對新老師的多方試探和靈魂拷問，這一切都搞得我身心俱疲。

所以我想問：我真的適合當老師嗎？你後來是不是有成為游上岸的正式老師呢？

祝 有很多錢可以花。

第一天當老師的大坦誠敬上

給第一天當老師的大坦誠——

辛苦你啦！

只不過，自從被大學同學在電話中點醒後，教師之路就不那麼難走了。

我們一起來回憶一下點醒我的那通電話，還有之後的故事好了。

開學後第二個禮拜，也是我當國小老師的第十四天，好不容易改完所有的作業，拖著疲累的身軀，打給我的大學同學求救。我的大學同學是個優秀女生，現在以公費教師身分在臺中偏鄉小學教書。

她一接起電話，我就開始劈哩啪啦的訴苦，抱怨起我們班的小惡魔。我揉著瘦痛的肩膀，看著被弄得一團亂的教室，我想到隔天還要看到這群小惡魔的可怕嘴臉，我便忍不住在電話裡大喊：「我恨他們！」

我以為我的同學會像以往一樣溫柔的開導我，但她的口氣突然嚴肅了起來：「你眞的恨他們嗎？那我不知道該怎麼幫你。」不等我回答，她又愼重的說：「因為沒有一個老師，會恨自己的學生！」

結束通話之後，我的心情非常複雜，因為她講的這句話讓我覺得有點委屈，但又隱隱約約覺得有些心虛。是啊！無論再怎麼糟糕的小孩，如果遇到一位恨他們的老師，也是非常可憐，甚至是非常無辜的。

而且，我又問我自己：「你眞的討厭教書嗎？討厭的話，幹嘛還來當老師？」

其實這個問題的答案，我再清楚不過。

那時候的我經歷了補習班倒閉失業、考教甄沒有正取的打擊，再加上大家都把我們這群代課老師說是「沒有考上正式老師的次等貨」和「只能當流浪教師的瑕疵品」，我看世界的心態和世界看我的角度，都充滿了恨意。

可是說到底，我的經歷都是大人和我自己造成的，現在面對的雖然是一群惡魔，但這群惡魔年齡還小，如果我也對他們充滿恨意，我也逃不過自己良心的譴責呀！而且現在的社會，對小孩稍有惡意就會被告，我才不要！

我沒有偉大的愛心，但不能違背自己的良心。雖然沒法完全改變他們，也不該把孩子當成敵人，我決定秉著「打不贏就加入」的心態，也要跟班上家長一樣溺愛小孩。

那時候我的想法是：「反正你們這群家長只整天溺愛小孩當直升機，好啊！那我就順你們的意，要爛就一起爛，讓你的小孩長大之後走偏路，把你這臺直升機給轟下來。不然我能怎麼辦？反正我要教你的小孩你不要，那我就擺爛好了，你最會教，你教！」

在那之後，我成為了一個「冷血無情」的「寵小孩機器」。功課出很少，上課盡量吵，每天打給家長說小孩子多棒又多棒，有事沒事就發一堆點心，無論是別人看來多爛的小孩，我都拚命讚美！

小孩字寫得跟鬼一樣，我還在甲乙本上睜眼說瞎話的寫上「有進步」；上課發問一些白目問題，就跟家長說「你的小孩好有創意」；小孩畫了一張醜到不行的圖，趕快當著全班面前評論「這張圖色彩真鮮豔，真棒！」

從「假裝喜歡」到「假裝不來的喜歡」

我以為我們班就會這樣糜爛下去，但沒想到潛移默化的改變，竟然就這樣發生了。

我發現，那群惹人厭的小惡魔，在某些時刻會偷偷褪去尖銳犄角，變回一個個正常的小孩子。時間久了，有些孩子會找我聊天，有些孩子會寫小卡片給我，還有些家長會說，孩子很喜歡我。有時最兇的小男生會跟我說悄悄話，有時最難理解的特教生，會對我露出可愛的笑容，要來牽我的手……

有一次特教生出了狀況，我跑去處理，一回到教室，全班小朋友居然安安靜靜的坐著看書，班長還說：「老師，我們等你回來。」而我忍不住脫口而出：「我就知道我們班的孩子最棒了。」

說出這句話，我自己也感到驚訝。有時候看著他們搖頭晃腦的念課文、津津有味的吃著營養午餐、或是很努力寫一項作業的時候，盯著他們紅通通的小臉蛋，我都會懷疑自己到底是不是「假裝」喜歡他們？

總之，我們班就這樣度過了有點散漫，卻又歪打正著的蜜月期。一個個冥頑不靈的小皮蛋雖仍然散漫，卻慢慢的對我敞開心扉。

有一次，我們班的小朋友被五年級的學長揍了，為了避免我們班的小朋友哭著說「老師都不處理」，我就帶著他上樓，想了解那位五年級學長的說法，結果那個五年級小孩態度超級差，還跟我說，「蛤？怎樣？」

我本來只是想要請那位五年級小孩道歉、息事寧人，但看到這個毫無悔意的態度，我開始心疼我們班那位小孩，便在走廊上把那個五年級小男生唸了一頓。最好笑的是，那個五年級小男生不知道我是新來的代課老師，在我走之前，居然哭喪著臉問：「你是哪個老師啊……？」

聽到這句話，我大聲告訴他：「我是三年X班的新老師，以後你再欺負我們班小孩，我就把你請到學務處！」

我沒想過我會真心心疼我們班的小朋友，才知道我打從心底真正接受了班老師的職位，我把他們當成我的寶物。

所以對於班上孩子，我不再痛恨，但也不再溺愛。我訂了新班規，然後打給每一個家長，告訴他們我的教育方式，有時候我會糾正小孩，但我仍然常常鼓勵他們。改革與磨合的路仍然不易，但只要知道因何而做，就會覺得動力滿滿。

因為這群小朋友，我終於從當老師之前的恨意中，走了出來。

又過了一陣子，我和我那名大學同學的班級舉辦了「交換卡片」的活動。

相隔兩地的小朋友們都很開心，而我的同學也寄了一封信給我，我突然想起好久之前，我對她說我恨透了自己的學生。

現在我的資料夾裡有孩子寫給我的卡片，我的教室裡有我為他們買來的書和教具，而我在回信裡告訴我的同學，這一群孩子讓我很忙碌，也很幸福。

總之，我終於不用再假裝喜歡他們了，因為對於我們班的孩子，我有著假裝不來的喜歡。

而我在想，分別會難過，就代表相處是愉快的。

今天是結業式，剛開學時我原本很期待這一天，想說「終於可以甩掉他們了」，但我一早起來，只覺得很不捨——他們可是我帶的第一個班啊！

因此，四年級的最後一天雖然匆忙，我還是頒了一張特製獎狀給每個孩子，頒獎前還幫每個小孩進行「得獎人介紹」，氣氛就跟金曲獎一樣熱絡，大家不亦樂乎。

終於頒完獎，要放學了！此刻，我們班的小孩突然發現，這是最後一天被我教了。於是他們開始哭腔說不想走，但再不走校門就要關上，孩子們只能一邊走出校門，一邊回頭看我。還好我的體型龐大，不用完全回頭就能用餘光瞄到我的大肚子，所以他們不至於一邊感傷一邊跌倒。

他們離開後我沒有哭，因為我知道，在這間學校，我已經有過最好的時光了。

我很注重儀式感，覺得「最後一天」一定要「最精彩」，所以離別當天必須要又哭又笑還要擁抱，最好還讓大家簽自己的衣服，只是我現在才明白，最好的時光，並不只存在於離別當日。

從「愛自己模範生」開啟的神奇魔力

我們班最好的時光，是長笛弟在才藝表演大會上的獨奏時刻。為什麼要叫這個孩子長笛弟呢？因為他會吹長笛，而且學很久了，但不知為何，長笛弟的媽媽卻說他痛恨練長笛！

我帶的第一個班級，有許多特殊生，有ＡＤＨＤ、情緒障礙、學習障礙、妥瑞氏症等，而長笛弟，則是高功能自閉又帶點亞斯伯格的特質。三年級時他很常請假，每次一來學校，就是跟我說不要午休、不要上課、不要寫作業、不要來學校，還叫我趕快走，叫退休的老師來代替我。

說實在的，有時候我會覺得長笛弟很難搞，但我想起自己國小時比他難搞千百倍，也想起國小被排擠時，盡力拯救我的老師們，我以為我孤立無援，但長笛弟讓我發現，我的國小班導們都不曾放棄我。

所以，身為老師的我，也要完成我的導師們的願望——不要讓我們班的孩子變成邊緣人。我絕對不能放棄長笛弟！

雖然，長笛弟的行為我都能包容，但最讓我受不了的，是他會傷害自己。我高中時期留下的某些疤痕，每天都提醒著我：「傷害自己，會後悔一輩子」。所以在長笛弟每次要傷害自己前，我都會看出來，並不顧一切制止他。

只不過有一天，我們班在選模範生，選到一個品學兼優的女孩子，沒有選到長笛弟，長笛弟立刻用拳頭槌自己的胸口。看到他那樣我很心痛，我情急之下大聲說：「模範生都不會搥自己喔！」

長笛弟一邊搥，一邊回：「可是我不搥一樣又選不上模範生！」

我立刻回他：「那你不搥自己，就是我們班的愛自己模範生！」

神奇的是，長笛弟停止動作、眼神發亮問：「眞的嗎？」

「眞的。」我對全班使了眼色：「讓我們掌聲歡迎長笛弟當選愛自己模範生！」

我們班的孩子都很善良，立刻拼命鼓掌。長笛弟一如既往脹紅的臉上，泛起了一絲憋不住的笑意，從此，長笛弟踏上了「愛自己模範生」之路，再也沒有自殘。

有一次他午餐吃到自己喜歡吃的，我就說，「哇！你是午餐模範生。」隔天，長笛弟把營養午餐的蔬菜、飯、肉全都吃乾淨了。後來「打掃模範生」讓長笛弟認眞打掃，「作業模範生」讓長笛弟把作業寫完。

長笛弟帶來的班級驕傲時刻

長笛弟的媽媽跟我說：「長笛弟一直很想當模範生，但好像得事事都當模範，才能擁有這樣的肯定。」聽到這句話，我整晚難眠，到底我們該給優秀的人當模範生呢？還是給努力的人當模範生呢？

之後，長笛弟在學校拚命求表現，我就拚命的給他模範生的讚美。喝水模範生、上廁所模範生、交朋友模範生、跑操場模範生、不讓老師崩潰模範生……不知不覺間，長笛弟上課還會認眞做筆記，班上小孩還會提醒我：「老師，他是做筆記模範生。」

然後，長笛弟開始愛來學校了，也會跟那些他痛恨得要命的同學玩。有一次我欣賞著長笛弟和別人一起笑得開懷的樣子，長笛弟問我為什麼要一直看他，我說他笑起來真討人喜歡，他是微笑模範生。

他聽到之後，指著別的小孩說：「老師，他也是，他笑起來也很好看。」長笛弟就這樣變成我們班的「大寶貝」，拍大合照時，我們班那些整天氣我的男生，會把他牽到中間，叮嚀他看鏡頭。

之後，我們要舉辦才藝大會，我鼓勵長笛弟報名看看。我以為我會被拒絕，沒想到他一口答應，他說他想吹長笛給我們聽。

才藝表演那天，長笛弟成功吹完一首流暢的曲子，班上掌聲雷動，我們班的小孩突然說：「應該也讓其他老師聽看看，長笛弟是我們班的驕傲！」說時遲，那時快，轉眼間一群小孩就衝出去邀其他科老師。而長笛弟則一臉幸福的問我：「老師，他們說我很厲害耶！」

那個下午，我們班的所有人，無論是我、自然老師、體育老師、特殊生、一般生……每個人都很有默契的對著擁有高功能自閉症、努力演奏曲子的長笛弟，投以欽佩的眼神。

世界之所以美好，不是人人都一樣好，而是不一樣的人，也能被當成好人，也能展現自己的美。我也相信我教的孩子離開我後也會幸福，因為他們很善良，也懂得憐憫，而善良的人會吸引善良的人，然後變成幸福的存在。

這就是我帶的第一個班的故事。

終究，你會喜歡這份職業的……

讀完你的信，理解你的崩潰，我想告訴你：「所謂的驚喜，都是在沒有預料到會有好事時，突然冒出來治癒你心靈的。」

只不過我自己也覺得很好笑，原本的你被大家說是「厭世作家」，沒想到現在的我，居然寫出你以前最討厭的肉麻教育愛加自我感動文。

你一定會指著我的臉，大喊：「長得像豬公的傢伙，現在還想當聖母是不是？」

可是當你經歷過我所遇到的驚喜，我保證，你一定會覺得幸福的。所以我還是要恭喜你，當上教師後，每一天，你都會多快樂一點。

也許你很害怕變化，但我想告訴你，沒有一件事情是不會改變的，改變帶來煩惱，也帶來笑容。

對了，收教室這件事情隨時都很累，這點永不改變。你最好別把教室弄得太亂，我現在收教室收到快要崩潰了！為什麼啊？為什麼你有辦法在教室放一堆有的沒的啊？

祝 作業都準時改完。

結業式收教室收到崩潰的大坦誠敬上

特別提醒：自殘自傷是危險行為請勿模仿，必要時請尋求心理諮商專業人士協助。

我的未來
國小老師姐妹們

語創系＋師資組的良好技能：
面對沒任何優點的人都能給予正面回饋。

哇～☆
你吃飯吃得好大口哦！好棒！
朵拉
喬安娜
呼吸很順暢，
也很會寫自己的名字，好棒！
蜜蜜
儒美

尾聲

給自己的教師節卡片

給大坦誠——

嗨，未來的我！

我不知道你現在過得如何，但我知道你一定會很想拿「第一年當正式教師的教師節，收到的第一張教師節卡片」來留念。

可是我要在「第一年考上正式老師的第一個教師節」這天，很坦誠也很慎重的告訴你，我沒有收到任何一張教師節卡片，我是不是很該死？

抱歉喔！

你應該知道，身為親子天下的專欄作家，教師節沒收到教師節卡片，有多可悲吧？雖然你帶的是一個十分棘手的後母班，小孩遇到新老師根本沒啥感情，再加上你又長得很醜，第一天就有小女生在網路上罵你長得很醜，所以你理當要有心理準備，不是嗎？

只不過，你仍覺得教師節總讓人倍感壓力，點開社群帳號，各個老師開心的曬出各種名貴禮物，好像要在這天把收到的所有禮物都曬上網，才值得被愛一樣。

會這樣講，是因為我今天本來也想把以前教過的學生從外縣市寄過來的禮物擺起來，準備要拍照上傳，畢竟身為一個不小心鑽進教育專欄的網路作家，我該發一些教育教育正能量的文章。

可是最後我沒有。

因為我知道自己更早前的身分是「可悲過動兒」。所以我該向大家分享的，並不是溫馨的故事。

這個故事並不溫馨，卻非常重要。

這個故事的主角是我，還有我在教師節收到的禮物——垃圾桶裡的紙條，而這個故事，叫做「明天也抓不到兇手」。

我們班有一個孩子的課本，被人寫滿了不好聽的話。

我拿起課本詢問的時候，每個孩子看起來都很無辜。

我每天都宣導兇手要出來承認，但過了兩天、三天，大家都忘了要抓兇手，連被畫課本的小孩下課都開始開心玩。我本來想說服自己就這樣算了，畢竟我們班有兇手，我會很丟臉，我可是教育專欄的作家耶！沒想到放學時，那個被畫課本的小孩冷不防的又折回來問我：「老師，兇手什麼時候會找到？」

「明天，也許明天會找到吧。」我故作輕鬆的說。

「喔。」那個小孩的目光頓時黯淡：「也許明天也不會找到吧。」

然後那個小孩轉身離去的瞬間，我知道，我沒有辦法說服我自己。

因為我也曾是那個等不到兇手的小孩。

小學三年級時，我的電子郵件帳號被盜，有人在我電腦課被罰站的時候，用我的帳號到處亂寄了充滿髒話的信。我還記得那時候的電腦老師姓黃，她跟我說她會找到兇手，當她知道我是過動兒後，覺得我這種愛犯罪又愛逃課的小特教生，一定是兇手。

小學四年級的時候，班上同學一起圍毆一位人緣比我爛的同學。我根本沒動手，但那些加害者的爸媽討論後，決定說是我這個過動兒起頭群毆，就算沒有動手，也是平常的過動傾向讓他們家小孩學壞，就算那天我根本只是在旁邊，也跟著被體罰、寫悔過書，我的爸媽被逼來學校道歉。

我掉著眼淚問好多老師，兇手真的不是我，什麼時候才會找到兇手。

一大票的老師都叫我等等看，時間到了，兇手就會認錯。

可是我還是等不到！

等不到！等不到！等不到！等不到！等不到！等不到！等不到！等不到！

等不到！等不到！等不到！等不到！等不到！

等不到「兇手」，那就自己出發！

想起以前的回憶，我眞的好恨自己也說了當年那句話。

教育專欄的溫柔教室頭銜我不要了！

一群小天使的溫馨表象我也不信了！

我根本不是懷著正能量長大，我是可悲過動兒！

既然天生註定如此，那我的教師節禮物並不會是什麼鮮花、卡片，而是從垃圾桶裡一張一張翻出來的犯罪證據，才是我的教師節禮物。

教！師！節！禮！物！

於是，我毫無保留，踏上尋兇之旅。

教師節前兩天，我故意在班上說：「你們知道我要怎麼找兇手嗎？我會把你們每個人寫過的字都收集起來，去比對課本上那些難聽的話，看你們誰的字跡和課本上難聽的話相符合，這樣我就知道誰是兇手了。我可能會從作業上面蒐集，但我也可能會從你們平常傳的紙條上面蒐集字跡來比對。唉，到時候我再來蒐集紙條好了，我現在太忙了！」

接著，我經過班上的垃圾桶，一臉嫌棄的說：「唉，你們掃地要小心一點，我昨天不小心把我的擦布掃到垃圾桶了，我超傻眼，我不敢撿！垃圾桶很多細菌！」

我說的這兩句話分別有兩種功能：第一，暗示兇手我會從他們傳的紙條上面比對字跡；第二，讓兇手誤以為我不敢檢垃圾桶裡的垃圾，這樣一來，兇手一定會把紙條丟到垃圾桶裡面，到時候我翻完垃圾桶，我就能找出作案的人寫的紙條，然後去比對抓兇手了。

可是，全班聽到我不敢翻垃圾桶，都樂陶陶的笑著：「唉唷，老師，你眞的超級傻眼耶。」而我微笑。

放學後，我掛著這樣的微笑，伴著夕陽的餘暉、虔誠的跪在垃圾桶旁邊，開始翻找每一張衛生紙、紙屑、落葉、灰塵。

還有可以拿來比對兇手字跡的紙條。

我的手在垃圾桶翻翻翻翻翻。

我沾到某個小朋友的鼻涕了好噁好噁，我沾到了某份早餐的番茄醬好噁好噁，可是你知道最棒的、最噁心的是什麼嗎？

是我當年就開始等兇手了，因為老師叫我等兇手自己出來。可是等等等等等等，一路等等等等等，我從小學三年級等到四年級，等到我去小學當三年級班導了，我還是等不到！永遠等不到！他X的永遠等不到！

我好恨我永遠等不到會幫我找兇手的老師！

我好恨我是我！

我好恨我們班有兇手！

我好恨我說「明天兇手會抓到」，但兇手明明就抓不到！

最後我終於從垃圾中翻出得意洋洋的兇手寫的字條，對照上面的字跡以及細細的辨認紙條花紋，再和小孩交出來的筆記比對，終於有了人選。我細心的把每個垃圾捧起來放回垃圾桶，又哭又笑的跪在地板上捧著那些不堪的紙條，一張一張的貼在我的筆記本裡，再藏起來。

隔天早自習，我隨口說「做案的筆很特殊」，又釣出那枝犯案用的筆。因為我猜測，兇手一聽到我說這句話，就害怕我會查大家的筆，所以就把做案用的那隻筆偷偷甩在地上。果不其然，聽到筆撞到地板的「喀啦」聲，原本若無其事的我，立刻衝下去撿了起來，問到：「這是誰的筆？」

兇手一臉心虛的站了起來，下課鐘響起，我讓孩子們都出去玩耍，留下我和兇手。兇手是之前主動跟我報告過「班上哪些人是嫌犯」的人，所以露出乖巧又狡詐的笑容。

我冷冷地問兇手，為什麼要畫課本。

兇手露出無辜的表情，說「我不知道耶？」

然後我立刻翻出我貼了作案紙條的筆記本，怒斥：「我現在一個一個對筆跡、找筆的主人，看最後誰會知道？」

兇手嚇到了，他根本不知道有哪個瘋老師會去翻垃圾桶？

抱歉！我會！因為我就是在等不到兇手的校園裡長大的。

我等不到兇手認罪，但我的學生等得到兇手道歉，因為小兇手驚訝又憤恨的說：「對。是我。」然後供出另一位小兇手。

老師，就是要保護你們能獲得原諒的！

他們承認後，我也感到很憤恨。我的腦海裡面上演上萬遍我抓到兇手的場景，我幻想過把兇手的書包倒進垃圾桶，然後叫他們用垃圾桶的鼻涕衛生紙排出「Unforgiven」，再讓他們戴上「我會亂寫同學課本」的梯隊大字報，我在後面用麥克風廣播「喜歡弄同學！喜歡不承認！」我想把自己當年想對兇手做的事，全部都報應在這兩個兇手身上。

但，這麼做又能怎樣？我永遠都好不起來了。我以為我會得意洋洋的大發飆大處罰，可是我好想哭。

「我眞的很氣你們。」我咬牙切齒的吐出這句話。但我停了幾秒，又說道：「可是，這樣我就有機會可以保護你了。」

「我可以跟對方的爸爸媽媽說，可不可以給我們班這兩個小孩一次機會？他承認錯了，而且他會改。我是你們的老師耶，你們犯錯後，我想要你們有機會被原諒啊。」我說完後，瞪著我的兩個小兇手哭了。

後續處理當然依照規定，跟家長溝通、請行政人員協助什麼的，都有。

最後，沒有人被丟到垃圾桶裡，也沒有人被趕出校門。我只是很嚴肅的告訴兇手們：「你們得為自己負責，但你們也要謝謝自己誠實。」

故事說完了。九月二十八日。我們班暫時沒有兇手了，暫時。

是的，兇手隨時都會出現，可能是放完連假後的那天，或是下個月，再或者是現在，但我不知道。唯一可以肯定的是，我的教室絕對不會變成亮晶晶素養導向的優秀臺灣師資教室，我的明天仍然會有訂正不完的數學習作名單、愛犯錯的小孩、悲傷、恐懼、忌妒，當然，還有希望，我會一直懷抱著希望，待在這群隨時會犯錯的小孩之間。

各位過動症的小朋友還有他們的家長，我也要很直白的告訴你們，抱歉，過動症不會好，但不會好的事情還有很多，包括成績、氣候、人際，還有我跟你們的今天、明天，甚至是每一天。

既然知道明天絕對不會隨便好起來，所以今天做的一切事情，都是對那些不好事情的奮力抵抗。我不知道你會在什麼時候與「大坦誠」這個名號分開，但我知道，你身為邊緣人的身分永遠不會消失，你必定要用這樣的身分，喚起一些別人看來覺得很瞎的傷痛，還有一些別人體會不到的釋懷，還有幸福。

所以，親愛的大坦誠，祝你，也祝我們教師節快樂。

剛剛考上正式教師的大坦誠敬上

給正在過教師節的大坦誠——

謝謝你寫給我的長信。

正如你所說，這個班後來又出了幾位兇手，但我還是很快就擺平了，我們班算是快快樂樂的結束了這學期。

四年級結束的倒數前兩天，我買了三大桶冰淇淋給小朋友吃；四年級結束的倒數前一天，我們班的小朋友非常捨不得彼此，要放學時，有幾個小孩還抱頭痛哭。

由此可知，我們班的感情真的很不錯……這樣說起來，班上應該沒有邊緣人，是吧？

可是，我們班原本有一堆「差點變成邊緣人」的人。

原本愛偷寫別人課本的小孩，現在會寫卡片給大家；原本爸媽要來學校找同學算帳的小孩，在交到朋友後，請爸媽開著餐車來請全班同學還有全辦公室的老師吃捲餅。

我跟你說，熱騰騰的捲餅眞的超級美味。

原本因為被同學取笑、害怕講越南語的越南混血小孩，成為了某報社認證的專欄小作家，還會用越南語廣播給大家聽呢！

對了，我原本在班上也是「邊緣人老師」，因為我沒收到教師節卡片，可是在學期末，我收到了好幾位小朋友寫的卡片，其中一張讓我熱淚盈眶。

那張卡片，是我們班一個曾經放棄自己的小女生寫的。

我剛來教這個班的時候，她不寫作業、上課都在畫畫、也討厭跟同學打交道，整天都說她在別間學校的朋友比較討人喜歡，而且我講什麼話她都不太聽，防災演練的時候她甚至還拒絕蹲下來。

這讓我實在無法眞心的珍惜跟她的師生緣分，畢竟我眞的很希望這輩子不要再教到她。

那時候有一位高年級的學姊說她很笨，她的媽媽生氣的寫聯絡簿告訴我這件事。我告訴那位小女生：「我一定會請那個學姊向妳道歉，因為妳是我重視的學生，但我害怕的是，如果妳眞的放棄了自己，那我再怎麼重視妳，也沒有辦法阻止別人這樣想妳。我知道妳有很多讀書之外的價值，妳可以不那麼認眞讀書，但妳要相信自己是有價值的，所以別放棄自己，好嗎？」

她聽完後，不像以前一樣滿臉不在乎。

她把頭低下來，沉默了很久。

後來在我的鼓勵以及碎碎念之下，那個小女生開始寫故事、畫漫畫、代表班上畫展覽海報。她成為了會照顧人的大姊姊，會安撫班上的特教生，有時候還會教同學功課。

學期末她的考試成績得到了進步獎，而我頒了一張「班級模範」的獎狀給她。

在頒發獎狀的時候，我對她說：「妳還記得開學的時候學姊笑妳嗎？現在，過了一年，我想告訴妳，任何跟『笨』有關的話，都無法再代表妳了。」

「妳真的是個有價值的、聰明的好孩子。」

說完這句話，我才發現，她也變成了我珍惜的學生之一了。

最後，附上那位小女生給我的卡片。

✶

「老師謝謝你，為什麼要謝謝你呢？因為在有人生日的那個月，老師會給他禮物再讓大家一起唱生日歌，讓他也能在學校過生日，還有老師每次都把我們班每個人的生日記得很清楚，你讓我們有時候會去演劇場，例如王子折箭等等……，反正每次都很好玩又很好笑。

老師你讓我在整個四年級都很快樂，我以前都覺得上課好累，但從我變成四年級之後，我就覺得每一天都好快樂，以前覺得時間好慢，現在卻覺得時間好快好快，之前問媽媽說為什麼時間好慢，媽媽說不是時間快不快、慢不慢，而是你快不快樂。我三年級的時候都覺得好無聊，但現在不會了，雖然有時候還是會，但到最後我想跟你說一句謝謝，謝謝你讓我覺得上課不無聊！謝謝你，老師！

我想以這張卡片的內容，當成這封信的結尾，希望你看完之後，可以緩解你對未來的疑慮，這個班沒有你想像得這麼壞啦！

邊緣人也可以很快樂

我知道，對於未來，我們總是擁有太多惶恐。

你還記得嗎？

國小一年級的時候，不知道哪個大人跟我說「一切都會慢慢變好的」，我試了幾次，發現沒用，所以我開始成天擔心我的未來，我覺得一切都會被我慢慢慢毀掉。

我擔心的東西有很多：

我怕自己不正常；

我怕畢旅沒人跟我一組；

怕沒有人跟我當朋友；

怕我沒有辦法當老師；

怕我永遠都孤孤單單的，永遠都不快樂；

還有我這種邊緣人會變成怎樣的大人？

當那些屬於邊緣人的成長煩惱都有了解答的時候，我才發現自己不知不覺地變成大人了。我覺得時間過得很快，按照我們班那位小女生的說法，我會覺得時間過得快，就代表這些日子，就算是個邊緣人，我一樣過得很快樂。

對了，以前的我，總是會給未來的自己一大堆任務跟想像。所以為了公平起見，這次，換我把任務交給你了。

我希望你試著相信「一切都會慢慢變好的」。

雖然你在國小一年級的時候，就證實這句話沒效了，沒關係，從今天起，我們重新開始。

此時此刻，對你說這一句話的大人，就是我。

在這之前，我也要老實跟你說，我的過動症還沒好，我的手上依然有著高中被霸凌時自殘留下來的疤，我偶爾還是會跟朋友吵架，我發一些蠢文章的時候，我媽會尖叫「你這隻不愛惜羽毛的大笨鳥」，有時候在學校會被年紀比我大的老師欺負，有時候我會被網友罵、或是我會跟著網友一起罵自己，有時候面對很無力的事情我還是會偷偷的哭……我承認現在的我好像也沒有你想像中那麼完美，但我跟你一樣，從來沒有放棄對未來的期待。

雖然有時候你對未來的期待很不切實際，讓我很想搭時光機踹你一腳，但就是因為你一直不斷的期待著未來，我才會是現在的我。謝謝你。

謝謝你，對我有所期待。

那麼，為了慎重起見，我再重新跟你說一次好了：

「一切都會慢慢變好的。」

（P.S. 對不起，體重部分我會再檢討一下！抱歉！）

年紀更大、體重也更重的大坦誠敬上

大坦誠小六前的自畫像
可愛
瘦!
12歲的大坦誠本人
老師說
畫圖要使用想像力,
所以我要
把自己畫帥一點。
大坦誠小六到高中的自畫像
豬!
豬!
16歲的大坦誠本人
我要在所有人
說我長得像豬之前
說自己是豬,
這樣我就贏了!
大坦誠現在的自畫像
肥
可悲
我把自己畫醜一點……
大家看到我本人,
就會覺得我本人
比較帥了……
(結果本人依然長得比
畫出來的更醜了幾倍♥)
現在的大坦誠本人

定位點 011

找到人生C位的邊緣人

從沒救到得救的大坦誠成長記

作者｜大坦誠
責任編輯｜章永安
編輯協力｜李佩芬、王郁渝
封面設計｜黃育蘋
內頁設計與排版｜賴姵伶
行銷企劃｜蔡晨欣

天下雜誌群創辦人｜殷允芃
董事長兼執行長｜何琦瑜
總經理｜游玉雪
產品中心 大人產品編輯部
總監｜李佩芬
副總監｜陳珮雯
行銷總監｜林育菁
版權主任｜何晨瑋、黃微真

出版者｜親子天下股份有限公司
地址｜台北市 104 建國北路一段 96 號 4 樓
電話｜ (02)2509-2800　傳真｜ (02)2509-2462
網址｜ www.parenting.com.tw
讀者服務專線｜ (02)2662-0332　週一～週五 09:00~17:30
讀者服務傳真｜ (02)2662-6048
客服信箱｜ parenting@cw.com.tw

法律顧問｜台英國際商務法律事務所 ・ 羅明通律師
製版印刷｜中原造像股份有限公司
總經銷｜大和圖書有限公司　電話｜ (02)8990-2588

出版日期｜ 2025 年 1 月第一版第一次印行
2025 年 5 月第一版第二次印行
定價｜ 420 元
書號｜ BKELS011P
ISBN ｜ 978-626-406-109-4 (平裝)

找到人生 C 位的邊緣人：從沒救到得救的大坦誠成長記 / 大坦誠著 . -- 第一版 . -- 臺北市：親子天下股份有限公司 , 2025.01
304 面；　14.8x21 公分 . -- (定位點；11)
ISBN 978-626-406-109-4(平裝)

1.CST: 大坦誠 2.CST: 自傳

783.3886　　113018959